book2

English – Slovenian

for beginners

A book in 2 languages

www.book2.de

GOETHE
VERLAG

IMPRESSUM

Johannes Schumann:
book2 English - Slovenian
EAN-13 (ISBN-13): 9781453645161

Goethe-Verlag GmbH
Postfach 152008
80051 München
Germany

Fax +49-89-74790012
www.book2.de
www.goethe-verlag.com

Table of contents

1 [one]

People

1 [ena]

Osebe

I I and you both of us	jaz jaz in ti midva oba (obadva) / midve obe (obedve)
he he and she they both	on on in ona onadva oba (obadva) / onidve obe (obedve)
the man the woman the child	moški; mož ženska; žena; gospa otrok
a family my family My family is here.	družina moja družina Moja družina je tu (tukaj).
I am here. You are here. He is here and she is here.	Jaz sem tu. Ti si tu. On je tu in ona je tu.
We are here. You are here. They are all here.	Mi smo tu. / Me smo tu. Vi ste tu. / Ve ste tu. Oni vsi so tu. / One vse so tu.

2 [two]

Family Members

2 [dva]

Rodbina

the grandfather	ded, stari oče
the grandmother	babica, stara mama
he and she	on in ona (onadva)
the father	ata, oče
the mother	mama, mati
he and she	on in ona (onadva)
the son	sin
the daughter	hči
he and she	on in ona (onadva)
the brother	brat
the sister	sestra
he and she	on in ona (onadva)
the uncle	stric
the aunt	teta
he and she	on in ona (onadva)
We are a family.	Mi smo družina.
The family is not small.	Ta družina ni majhna.
The family is big.	Ta družina je velika.

3 [three]

Getting to know others

3 [tri]

Spoznati, seznaniti se z

Hi!
Hello!
How are you?

Halo!, Hej!
Dober dan!
Kako vam (ti) gre? Kako ste (si)?

Do you come from Europe?
Do you come from America?
Do you come from Asia?

Prihajate iz Evrope?
Prihajate iz Amerike?
Prihajate iz Azije?

In which hotel are you staying?
How long have you been here for?
How long will you be staying?

V katerem hotelu prebivate (ste nameščeni)?
Kako dolgo ste že tu?
Kako dolgo boste ostali?

Do you like it here?
Are you here on vacation?
Please do visit me sometime!

Vam ugaja tu? (Vam je všeč tu?)
Ali ste tu na dopustu?
Pa me kaj obiščite!

Here is my address.
Shall we see each other tomorrow?
I am sorry, but I already have plans.

Tu je moj naslov.
Se vidiva (vidimo) jutri?
Žal mi je, jutri ne morem. (Žal mi je, za jutri imam v načrtu že nekaj drugega.)

Bye!
Good bye!
See you soon!

Adijo!
Na svidenje!
-

4 [four]

At school

4 [štiri]

V šoli

Where are we?	Kje smo?
We are at school.	Smo v šoli?
We are having class / a lesson.	Imamo pouk.
Those are the school children.	To so učenci (šolarji, dijaki).
That is the teacher.	To je učiteljica.
That is the class.	To je razred.
What are we doing?	Kaj počnemo (delamo)?
We are learning.	Učimo se.
We are learning a language.	Učimo se jezika.
I learn English.	Učim se angleščino.
You learn Spanish.	Učim se španščino.
He learns German.	Učim se nemščino.
We learn French.	Učim se francoščino.
You all learn Italian.	Učim se italijanščino.
They learn Russian.	Učim se ruščino.
Learning languages is interesting.	Učenje jezikov je zanimivo.
We want to understand people.	Hočemo razumeti ljudi.
We want to speak with people.	Hočemo se pogovarjati z ljudmi.

5 [five]

Countries and Languages

5 [pet]

Dežele in jeziki

John is from London.	John je iz Londona.
London is in Great Britain.	London se nahaja v Veliki Britaniji.
He speaks English.	On govori angleško.
Maria is from Madrid.	Maria je iz Madrida.
Madrid is in Spain.	Madrid se nahaja v Španiji.
She speaks Spanish.	Ona govori špansko.
Peter and Martha are from Berlin.	Peter in Martha sta iz Berlina.
Berlin is in Germany.	Berlin se nahaja v Nemčiji.
Do both of you speak German?	Ali oba govorita nemško?
London is a capital city.	London je prestolnica (glavno mesto).
Madrid and Berlin are also capital cities.	Madrid in Berlin sta tudi prestolnici.
Capital cities are big and noisy.	Glavna mesta so velika in bučna.
France is in Europe.	Francija leži v Evropi.
Egypt is in Africa.	Egipt leži v Afriki.
Japan is in Asia.	Japonska leži v Aziji.
Canada is in North America.	Kanada leži v Severni Ameriki.
Panama is in Central America.	Panama leži v Srednji Ameriki.
Brazil is in South America.	Brazilija leži v Južni Ameriki.

6 [six]

Reading and writing

6 [šest]

Branje in pisanje

I read. I read a letter. I read a word.	Berem. (Jaz berem.) Berem črke. (Črkujem.) ? Berem besedo.
I read a sentence. I read a letter. I read a book.	Berem stavek. Berem pismo. / Berem dopis (dokument; listino). Berem knjigo.
I read. You read. He reads.	Berem. Bereš. Bere.
I write. I write a letter. I write a word.	Pišem. (Jaz pišem.) Pišem (Zapisujem) črke. Pišem (Zapisujem) besedo.
I write a sentence. I write a letter. I write a book.	Pišem (Zapisujem) stavek. Pišem pismo. Pišem knjigo.
I write. You write. He writes.	Pišem. Pišeš. Piše.

7 [seven]

Numbers

7 [sedem]

Števila

I count:
one, two, three
I count to three.

Štejem:
ena, dva, tri
Štejem do tri.

I count further:
four, five, six,
seven, eight, nine

Štejem naprej:
štiri, pet, šest,
sedem, osem, devet

I count.
You count.
He counts.

Štejem. (Jaz štejem.)
Šteješ. (Ti šteješ.)
Šteje. (On šteje.)

One. The first.
Two. The second.
Three. The third.

Ena. Prvi.
Dva. Drugi.
Tri. Tretji.

Four. The fourth.
Five. The fifth.
Six. The sixth.

Štiri. Četrti.
Pet. Peti.
Šest. Šesti.

Seven. The seventh.
Eight. The eighth.
Nine. The ninth.

Sedem. Sedmi.
Osem. Osmi.
Devet. Deveti.

8 [eight]

The time

8 [osem]

Koliko je ura?

Excuse me!
What time is it, please?
Thank you very much.

Oprostite!
Mi lahko poveste, koliko je ura?
Prav lepa hvala.

It is one o'clock.
It is two o'clock.
It is three o'clock.

Ura je ena.
Ura je dva.
Ura je tri.

It is four o'clock.
It is five o'clock.
It is six o'clock.

Ura je štiri.
Ura je pet.
Ura je šest.

It is seven o'clock.
It is eight o'clock.
It is nine o'clock.

Ura je sedem.
Ura je osem.
Ura je devet.

It is ten o'clock.
It is eleven o'clock.
It is twelve o'clock.

Ura je deset.
Ura je enajst.
Ura je dvanajst.

A minute has sixty seconds.
An hour has sixty minutes.
A day has twenty-four hours.

Minuta ima šestdeset sekund.
Ura ima šestdeset minut.
Dan ima štiriindvajset ur.

9 [nine]

Days of the week

9 [devet]

Dnevi tedna

Monday	ponedeljek
Tuesday	torek
Wednesday	sreda
Thursday	četrtek
Friday	petek
Saturday	sobota
Sunday	nedelja
the week	teden
from Monday to Sunday	od ponedeljka do nedelje
The first day is Monday.	Prvi dan je ponedeljek.
The second day is Tuesday.	Drugi dan je torek.
The third day is Wednesday.	Tretji dan je sreda.
The fourth day is Thursday.	Četrti dan je četrtek.
The fifth day is Friday.	Peti dan je petek.
The sixth day is Saturday.	Šesti dan je sobota.
The seventh day is Sunday.	Sedmi dan je nedelja.
The week has seven days.	Teden ima sedem dni.
We only work for five days.	Delamo samo pet dni.

10 [ten]

Yesterday – today – tomorrow

10 [deset]

Včeraj – danes – jutri

Yesterday was Saturday. I was at the cinema yesterday. The film was interesting.	Včeraj je bila sobota. Včeraj sem bil / bila v kinu. Film je bil zanimiv.
Today is Sunday. I'm not working today. I'm staying at home.	Danes je nedelja. Danes ne delam. Ostal bom doma.
Tomorrow is Monday. Tomorrow I will work again. I work at an office.	Jutri je ponedeljek. Jutri spet delam. Delam v pisarni.
Who is that? That is Peter. Peter is a student.	Kdo je to? To je Peter. Peter je študent.
Who is that? That is Martha. Martha is a secretary.	Kdo je to? To je Martha. Martha je tajnica.
Peter and Martha are friends. Peter is Martha's friend. Martha is Peter's friend.	Peter in Martha sta prijatelja. Peter je Marthin prijatelj. Martha je Petrova prijateljica. / Martha je Petrovo dekle.

11 [eleven]

Months

11 [enajst]

Meseci

January
February
March

Januar
Februar
Marec

April
May
June

April
Maj
Junij

These are six months.
January, February, March,
April, May and June.

To je šest mesecev.
Januar, februar, marec,
april, maj in junij.

July
August
September

Julij
Avgust
September

October
November
December

Oktober
November
December

These are also six months.
July, August, September,
October, November and December.

Tudi to je šest mesecev.
Julij, avgust, september,
oktober, november in december.

12 [twelve]

Beverages

12 [dvanajst]

Pijače

I drink tea.	Pijem čaj.
I drink coffee.	Pijem kavo.
I drink mineral water.	Pijem mineralno vodo.
Do you drink tea with lemon?	Piješ čaj z limono?
Do you drink coffee with sugar?	Piješ kavo s sladkorjem?
Do you drink water with ice?	Piješ vodo z ledom?
There is a party here.	Tu je zabava.
People are drinking champagne.	Ljudje pijejo penino.
People are drinking wine and beer.	Ljudje pijejo vino in pivo.
Do you drink alcohol?	Uživaš alkohol?
Do you drink whisky / whiskey *(am.)*?	Piješ viski?
Do you drink Coke with rum?	Piješ kolo z rumom?
I do not like champagne.	Ne maram penine.
I do not like wine.	Ne maram vina.
I do not like beer.	Ne maram piva.
The baby likes milk.	Dojenčki imajo radi mleko.
The child likes cocoa and apple juice.	Otroci imajo radi kakav in jabolčni sok.
The woman likes orange and grapefruit juice.	Ženske imajo rade pomarančni sok in sok grenivke.

13 [thirteen]

Activities

13 [trinajst]

Dejavnosti

What does Martha do?
She works at an office.
She works on the computer.

Kaj dela Martha?
Dela v pisarni.
Dela z računalnikom.

Where is Martha?
At the cinema.
She is watching a film.

Kje je Martha?
V kinu.
Gleda film.

What does Peter do?
He studies at the university.
He studies languages.

Kaj dela Peter?
Študira na univerzi.
Študira jezike.

Where is Peter?
At the café.
He is drinking coffee.

Kje je Peter?
V kavarni.
Pije kavo.

Where do they like to go?
To a concert.
They like to listen to music.

Kam radi (rade) gredo? / Kam rada (radi) gresta?
Na koncert.
Radi (Rade) poslušajo glasbo. / Rada (Radi) poslušata glasbo.

Where do they not like to go?
To the disco.
They do not like to dance.

Kam neradi (nerade) hodijo? / Kam nerada (neradi) hodita?
V disco.
Neradi (Nerade) plešejo? / Nerada (Neradi) plešeta?

14 [fourteen]

Colors

14 [štirinajst]

Barve

Snow is white.
The sun is yellow.
The orange is orange.

Sneg je bel.
Sonce je rumeno.
Pomaranča je oranžna.

The cherry is red.
The sky is blue.
The grass is green.

Češnja je rdeča.
Nebo je modro.
Trava je zelena.

The earth is brown.
The cloud is grey / gray *(am.)*.
The tyres / tires *(am.)* are black.

Zemlja je rjava.
Oblak je siv.
Avtomobilske gume so črne.

What colour / color *(am.)* is the snow? White.
What colour / color *(am.)* is the sun? Yellow.
What colour / color *(am.)* is the orange? Orange.

Kakšno barvo ima sneg? Belo.
Kakšno barvo ima sonce? Rumeno.
Kakšno barvo ima pomaranča? Oranžno.

What colour / color *(am.)* is the cherry? Red.
What colour / color *(am.)* is the sky? Blue.
What colour / color *(am.)* is the grass? Green.

Kakšno barvo ima češnja? Rdečo.
Kakšno barvo ima nebo? Modro.
Kakšno barvo ima trava? Zeleno.

What colour / color *(am.)* is the earth? Brown.
What colour / color *(am.)* is the cloud? Grey / Gray *(am.)*.
What colour / color *(am.)* are the tyres / tires *(am.)*? Black.

Kakšno barvo ima zemlja? Rjavo.
Kakšno barvo ima oblak? Sivo.
Kakšno barvo imajo avtomobilske gume Črno.

15 [fifteen]

Fruits and food

15 [petnajst]

Sadje in živila

I have a strawberry.
I have a kiwi and a melon.
I have an orange and a grapefruit.

Imam eno rdečo jagodo.
Imam en kivi in eno melono.
Imam eno pomarančo in eno grenivko.

I have an apple and a mango.
I have a banana and a pineapple.
I am making a fruit salad.

Imam eno jabolko in en mango.
Imam eno banano in en ananas.
Pripravljam sadno solato.

I am eating toast.
I am eating toast with butter.
I am eating toast with butter and jam.

Jem toast.
Jem toast z maslom.
Jem toast z maslom in marmelado.

I am eating a sandwich.
I am eating a sandwich with margarine.
I am eating a sandwich with margarine and tomatoes.

Jem sendvič.
Jem sendvič z margarino.
Jem sendvič z margarino in paradižnikom.

We need bread and rice.
We need fish and steaks.
We need pizza and spaghetti.

Potrebujemo (potrebujeva) kruh in riž.
Potrebujemo (potrebujeva) ribe in zrezke.
Potrebujemo (potrebujeva) pico in špagete.

What else do we need?
We need carrots and tomatoes for the soup.
Where is the supermarket?

Kaj še potrebujemo (potrebujeva)?
Potrebujemo (potrebujeva) korenje in paradižnik za juho.
Kje je samopostrežnica (supermarket)?

16 [sixteen]

Seasons and Weather

16 [šestnajst]

Letni časi in vreme

These are the seasons:
Spring, summer,
autumn / fall *(am.)* and winter.

To so letni časi:
pomlad, poletje,
jesen in zima.

The summer is warm.
The sun shines in summer.
We like to go for a walk in summer.

Poletje je vroče.
Poleti sije sonce.
Poleti se radi sprehajamo.

The winter is cold.
It snows or rains in winter.
We like to stay home in winter.

Zima je mrzla.
Pozimi sneži ali dežuje.
Pozimi radi ostajamo doma.

It is cold.
It is raining.
It is windy.

Mrzlo je.
Dežuje.
Vetrovno je.

It is warm.
It is sunny.
It is pleasant.

Toplo je.
Sončno je.
Vedro (jasno) je.

What is the weather like today?
It is cold today.
It is warm today.

Kakšno je danes vreme?
Danes je mrzlo.
Danes je toplo.

17 [seventeen]

Around the house

17 [sedemnajst]

V hiši

Our house is here.
The roof is on top.
The basement is below.

Tu je naša hiša.
Zgoraj je streha.
Spodaj je klet.

There is a garden behind the house.
There is no street in front of the house.
There are trees next to the house.

Za hišo je vrt.
Pred hišo ni nobene ulice (ceste).
Poleg hiše so drevesa.

My apartment is here.
The kitchen and bathroom are here.
The living room and bedroom are there.

Tu je moje stanovanje.
Tu sta kuhinja in kopalnica.
Tam sta dnevna soba in spalnica.

The front door is closed.
But the windows are open.
It is hot today.

Hišna (vhodna) vrata so zaprta.
A okna so odprta.
Danes je vroče.

We are going to the living room.
There is a sofa and an armchair there.
Please, sit down!

Gremo (greva) v dnevno sobo.
Tam sta zofa in stol.
Sedite! / Sedita!

My computer is there.
My stereo is there.
The TV set is brand new.

Tam stoji moj računalnik.
Tam je moj stereofonski sprejemnik (gramofon).
Televizor je popolnoma nov.

18 [eighteen]

House cleaning

18 [osemnajst]

Veliko čiščenje

Today is Saturday.	Danes je sobota.
We have time today.	Danes imamo čas.
We are cleaning the apartment today.	Danes čistimo stanovanje.
I am cleaning the bathroom.	Jaz čistim kopalnico.
My husband is washing the car.	Mož pere avto.
The children are cleaning the bicycles.	Otroci čistijo kolesa. / Otroka čistita kolesi (kolesa).
Grandma is watering the flowers.	Babica zaliva rože.
The children are cleaning up the children's room.	Otroci pospravljajo (Otroka pospravljata) otroško sobo.
My husband is tidying up his desk.	Mož pospravlja (spravlja v red) svojo pisalno mizo.
I am putting the laundry in the washing machine.	Jaz vlagam perilo v pralni stroj.
I am hanging up the laundry.	Jaz obešam perilo.
I am ironing the clothes.	Jaz likam perilo.
The windows are dirty.	Okna so umazana.
The floor is dirty.	Tla so umazana.
The dishes are dirty.	Posoda je umazana.
Who washes the windows?	Kdo očisti okna? (Kdo bo očistil okna?)
Who does the vacuuming?	Kdo posesa prah?
Who does the dishes?	Kdo pomije posodo?

19 [nineteen]

In the kitchen

19 [devetnajst]

V kuhinji

Do you have a new kitchen?
What do you want to cook today?
Do you cook on an electric or a gas stove?

Imaš novo kuhinjo?
Kaj želiš danes skuhati?
Kuhaš na elektriko ali na plin?

Shall I cut the onions?
Shall I peel the potatoes?
Shall I rinse the lettuce?

Naj narežem čebulo?
Naj olupim krompir?
Naj operem solato?

Where are the glasses?
Where are the dishes?
Where is the cutlery / silverware *(am.)*?

Kje so kozarci?
Kje je posoda?
Kje je jedilni pribor?

Do you have a can opener?
Do you have a bottle opener?
Do you have a corkscrew?

Imaš odpirač za konzerve?
Imaš odpirač za steklenice?
Imaš odpirač za zamaške?

Are you cooking the soup in this pot?
Are you frying the fish in this pan?
Are you grilling the vegetables on this grill?

Kuhaš juho v tem loncu?
Pečeš ribo v tej ponvi?
Pražiš zelenjavo na tem žaru?

I am setting the table.
Here are the knives, the forks and the spoons.
Here are the glasses, the plates and the napkins.

Prekrivam mizo.
Tu so noži, vilice in žlice.
Tu so kozarci, krožniki in prtički.

20 [twenty]

Small Talk 1

20 [dvajset]

Kratek pogovor 1

Make yourself comfortable!
Please, feel right at home!
What would you like to drink?

Namestite se udobno! (
Počutite se kot doma!
Kaj boste popili?

Do you like music?
I like classical music.
These are my CD's.

Ljubite glasbo?
Imate radi klasično glasbo?
Tu so moji CD-ji.

Do you play a musical instrument?
This is my guitar.
Do you like to sing?

Igrate na kakšen instrument?
Tu je moja kitara.
Radi prepevate?

Do you have children?
Do you have a dog?
Do you have a cat?

Imate otroke?
Imate psa?
Imate mačko?

These are my books.
I am currently reading this book.
What do you like to read?

Tu so moje knjige.
Ravno to knjigo berem zdaj.
Kaj radi berete?

Do you like to go to concerts?
Do you like to go to the theatre / theater *(am.)*?
Do you like to go to the opera?

Radi hodite na koncerte?
Greste radi v gledališče?
Greste radi v opero?

21 [twenty-one]

Small Talk 2

21 [enaindvajset]

Kratek pogovor 2

Where do you come from?
From Basel.
Basel is in Switzerland.

Odkod prihajate?
Iz Basla.
Basel je v Švici.

May I introduce Mr. Miller?
He is a foreigner.
He speaks several languages.

Ali vam smem predstaviti gospoda Müllerja?
On je inozemec.
On govori več jezikov.

Are you here for the first time?
No, I was here once last year.
Only for a week, though.

Ali ste tu prvikrat?
Ne, bil sem tu že lani.
Vendar samo en teden.

How do you like it here?
A lot. The people are nice.
And I like the scenery, too.

Kako se vam dopade (Kako vam je všeč) pri nas?
Zelo. Ljudje so prijetni (prijazni).
In pokrajina se mi tudi dopade.

What is your profession?
I am a translator.
I translate books.

Kaj ste po poklicu?
Sem prevajalec.
Prevajam knjige.

Are you alone here?
No, my wife / my husband is also here.
And those are my two children.

Ste tu sami?
Ne, z mano je tudi žena / mož.
In tam sta oba moja otroka.

22 [twenty-two]

22 [dvaindvajset]

Small Talk 3

Kratek pogovor 3

Do you smoke?
I used to.
But I don't smoke anymore.

Ali kadite?
Nekoč sem.
Vendar zdaj ne kadim več.

Does it disturb you if I smoke?
No, absolutely not.
It doesn't disturb me.

Ali vas moti, kadar kadim?
Ne, nikakor ne. (Ne, absolutno ne.)
To me ne moti.

Will you drink something?
A brandy?
No, preferably a beer.

Bi kaj popili?
Bi konjak?
Ne, raje bi eno pivo.

Do you travel a lot?
Yes, mostly on business trips.
But now we're on holiday.

Ali veliko potujete?
Da, večinoma so to poslovna potovanja.
Vendar zdaj preživljamo tu dopust.

It's so hot!
Yes, today it's really hot.
Let's go to the balcony.

Kakšna vročina!
Ja, danes je res vroče.
Pojdimo na balkon.

There's a party here tomorrow.
Are you also coming?
Yes, we've also been invited.

Jutri bo tu zabava (družabna prireditev).
Boste prišli tudi vi?
Da, tudi mi smo povabljeni.

23 [twenty-three]

Learning foreign languages

23 [triindvajset]

Učenje tujih jezikov

Where did you learn Spanish?	Kje ste se naučili španščine?
Can you also speak Portuguese?	Ali znate tudi portugalsko?
Yes, and I also speak some Italian.	Da, in malo znam tudi italijansko.
I think you speak very well.	Zdi se mi, da govorite zelo dobro.
The languages are quite similar.	Jeziki so si precej podobni.
I can understand them well.	Dobro jo (jih) lahko razumem.
But speaking and writing is difficult.	Vendar pa je govoriti in pisati težko.
I still make many mistakes.	Še veliko napak delam.
Please correct me each time.	Prosim, da me vsakič popravite.
Your pronunciation is very good.	Vaša izgovorjava je povsem dobra.
You only have a slight accent.	Vi govorite z rahlim (tujim) naglasom.
One can tell where you come from.	Človek lahko ugane, odkod prihajate.
What is your mother tongue / native language *(am.)*?	Kaj je vaša materinščina? (Kateri je vaš materin jezik?)
Are you taking a language course?	Ali delate (Ali hodite na) kakšen jezikovni tečaj?
Which textbook are you using?	Kakšen učbenik uporabljate?
I don't remember the name right now.	V tem trenutku ne vem, kako se temu reče.
The title is not coming to me.	Ne spomnem se naslova.
I've forgotten it.	Pozabil sem (ga).

24 [twenty-four]

Appointment

24 [štiriindvajset]

Zmenek

Did you miss the bus?	Ali si zamudil(a) avtobus?
I waited for you for half an hour.	Pol ure sem te čakal(a).
Don't you have a mobile / cell phone *(am.)* with you?	Imaš pri sebi mobilni telefon?
Be punctual next time!	Bodi naslednjikrat točen (točna)!
Take a taxi next time!	Vzemi naslednjikrat taksi!
Take an umbrella with you next time!	Vzemi naslednjikrat s sabo dežnik!
I have the day off tomorrow.	Jutri imam prosto.
Shall we meet tomorrow?	Ali se sestaneva jutri?
I'm sorry, I can't make it tomorrow.	Žal mi je, ampak jutri ne morem.
Do you already have plans for this weekend?	Ali imaš za ta vikend že kakšno obveznost?
Or do you already have an appointment?	Ali pa že imaš dogovorjen drug zmenek?
I suggest that we meet on the weekend.	Predlagam, da se sestanemo (sestaneva) ta vikend (ta konec tedna).
Shall we have a picnic?	Bi imeli (imela) piknik?
Shall we go to the beach?	Bi šli (šla) na plažo?
Shall we go to the mountains?	Bi šli (šla) v gore (hribe)?
I will pick you up at the office.	Prišel bom pote v pisarno.
I will pick you up at home.	Prišel bom pote na dom.
I will pick you up at the bus stop.	Prišel bom pote na avtobusno postajališče.

25 [twenty-five]

In the city

25 [petindvajset]

V mestu

I would like to go to the station.
I would like to go to the airport.
I would like to go to the city centre / center *(am.)*.

Rad bi šel / Rada bi šla na železniško postajo.
Rad bi šel / Rada bi šla na letališče.
Rad bi šel / Rada bi šla v središče mesta.

How do I get to the station?
How do I get to the airport?
How do I get to the city centre / center *(am.)*?

Kako bom prišel / prišla z železniške postaje?
Kako bom prišel / prišla z letališča?
Kako bom prišel / prišla iz središča mesta?

I need a taxi.
I need a city map.
I need a hotel.

Potrebujem taksi.
Potrebujem zemljevid (plan) mesta.
Potrebujem hotel.

I would like to rent a car.
Here is my credit card.
Here is my licence / license *(am.)*.

Rad(a) bi vzel(a) v najem avto.
Tu je moja kreditna kartica.
Tu je moje vozniško dovoljenje.

What is there to see in the city?
Go to the old city.
Go on a city tour.

Kaj se da videti v mestu?
Pojdite v stari del mesta.
Pojdite na krožno vožnjo po mestu (z avtobusom).

Go to the harbour / harbor *(am.)*.
Go on a harbour / harbor *(am.)* tour.
Are there any other places of interest?

Pojdite v pristanišče.
Pojdite na krožno vošnjo po pristanišču (z avtobusom).
Kaj je še vredno ogleda?

26 [twenty-six]

In nature

26 [šestindvajset]

V naravi

Do you see the tower there?	Vidiš tam stolp?
Do you see the mountain there?	Vidiš tam goro (hrib)?
Do you see the village there?	Vidiš tam vas?
Do you see the river there?	Vidiš tam reko?
Do you see the bridge there?	Vidiš tam most?
Do you see the lake there?	Vidiš tam jezero?
I like that bird.	Tisti ptič tam mi je všeč.
I like that tree.	Drevo tam mi je všeč.
I like this stone.	Ta kamen tu mi je všeč.
I like that park.	Ta park se mi dopade.
I like that garden.	Ta vrt mi je všeč.
I like this flower.	Te rože tu se mi dopadejo.
I find that pretty.	To se mi zdi ljubko.
I find that interesting.	To se mi zdi zanimivo.
I find that gorgeous.	To se mi zdi čudovito lepo.
I find that ugly.	To se mi zdi grdo.
I find that boring.	To se mi zdi dolgočasno.
I find that terrible.	To se mi zdi strašno.

27 [twenty-seven]

In the hotel – Arrival

27 [sedemindvajset]

V hotelu – prihod

Do you have a vacant room?	Imate prosto sobo?
I have booked a room.	Tu imam rezervirano eno sobo.
My name is Miller.	Moj priimek je Müller.
I need a single room.	Potrebujem enoposteljno sobo.
I need a double room.	Potrebujem dvoposteljno sobo.
What does the room cost per night?	Koliko stane ena nočitev v tej sobi?
I would like a room with a bathroom.	Rad(a) bi sobo s kopalnico.
I would like a room with a shower.	Rad(a) bi sobo s prho.
Can I see the room?	Ali lahko vidim to sobo?
Is there a garage here?	Je tu kakšna garaža?
Is there a safe here?	Je tu kakšen sef?
Is there a fax machine here?	Je tu kakšen faks?
Fine, I'll take the room.	Dobro, vzamem to sobo.
Here are the keys.	Tu so ključi.
Here is my luggage.	Tu je moja prtljaga.
What time do you serve breakfast?	Ob kateri uri je zajtrk?
What time do you serve lunch?	Ob kateri uri je kosilo?
What time do you serve dinner?	Ob kateri uri je večerja?

28 [twenty-eight]

In the hotel – Complaints

28 [osemindvajset]

V hotelu – pritožbe

The shower isn't working.
There is no warm water.
Can you get it repaired?

Prha ne deluje.
Topla voda ne teče.
Ali bi dalo to popraviti?

There is no telephone in the room.
There is no TV in the room.
The room has no balcony.

V sobi ni telefona.
V sobi ni televizorja.
Soba nima balkona.

The room is too noisy.
The room is too small.
The room is too dark.

Soba je prehrupna (slabo zvočno izolirana).
Soba je premajhna.
Soba je pretemna.

The heater isn't working.
The air-conditioning isn't working.
The TV isn't working.

Gretje ne deluje.
Klimatska naprava ne deluje.
Televizor je pokvarjen.

I don't like that.
That's too expensive.
Do you have anything cheaper?

To mi ni všeč.
To je zame predrago.
Imate kaj cenejšega?

Is there a youth hostel nearby?
Is there a boarding house / a bed and breakfast nearby?
Is there a restaurant nearby?

Je tu v bližini kakšno mladinsko prenočišče?
Je tu v bližini kakšen penzion?
Je tu v bližini kakšna restavracija?

29 [twenty-nine]

At the restaurant 1

29 [devetindvajset]

V restavraciji 1

Is this table taken?	Je ta miza prosta?
I would like the menu, please.	Lahko prosim dobim jedilni list?
What would you recommend?	Kaj lahko priporočate?
I'd like a beer.	Rad (a) bi pivo.
I'd like a mineral water.	Rad (a) bi mineralno vodo.
I'd like an orange juice.	Rad (a) bi pomarančni sok.
I'd like a coffee.	Rad (a) bi kavo.
I'd like a coffee with milk.	Rad (a) bi kavo z mlekom.
With sugar, please.	S sladkorjem prosim.
I'd like a tea.	Rad bi čaj.
I'd like a tea with lemon.	Rad bi čaj z limono.
I'd like a tea with milk.	Rad bi čaj z mlekom.
Do you have cigarettes?	Imate cigarete?
Do you have an ashtray?	Lahko dobim pepelnik?
Do you have a light?	Imate ogenj?
I'm missing a fork.	Manjkajo mi vilice.
I'm missing a knife.	Manjka mi nož.
I'm missing a spoon.	Manjka mi žlica.

30 [thirty]

At the restaurant 2

30 [trideset]

V restavraciji 2

An apple juice, please.
A lemonade, please.
A tomato juice, please.

Jabolčni sok, prosim.
Limonado, prosim.
Paradižnikov sok, prosim.

I'd like a glass of red wine.
I'd like a glass of white wine.
I'd like a bottle of champagne.

Rad(a) bi kozarec rdečega vina.
Rad(a) bi kozarec belega vina.
Rad(a) bi steklenico penečega vina (penine).

Do you like fish?
Do you like beef?
Do you like pork?

Bi rad(a) ribo?
Bi rad(a) govedino (goveje meso)?
Bi rad(a) svinjino (svinjsko meso)?

I'd like something without meat.
I'd like some mixed vegetables.
I'd like something that won't take much time.

Rad(a) bi nekaj brezmesnega.
Rad(a) bi zelenjavno ploščo.
Rad(a) bi nekaj, na kar ne bo treba dolgo čakati.

Would you like that with rice?
Would you like that with pasta?
Would you like that with potatoes?

Bi radi k temu riž?
Bi radi to z rezanci?
Bi radi k temu krompir?

That doesn't taste good.
The food is cold.
I didn't order this.

To mi ne tekne. (To mi ni okusno.)
Ta jed je hladna.
Tega nisem naročil(a).

31 [thirty-one]

At the restaurant 3

31 [enaintrideset]

V restavraciji 3

I would like a starter. I would like a salad. I would like a soup.	Rad(a) bi kakšno predjed. Rad(a) bi kakšno solato. Rad(a) bi kakšno juho.
I would like a dessert. I would like an ice cream with whipped cream. I would like some fruit or cheese.	Rad(a) bi kakšen desert (sladico, poobedek). Rad(a) bi sladoled s smetano. Rad(a) sadje ali sir.
We would like to have breakfast. We would like to have lunch. We would like to have dinner.	Radi bi zajtrkovali. (Rade bi zajtrkovale). / Rada bi zajtrkovala. Radi bi kosili. (Rade bi kosile.) / Rada bi kosila. Radi bi večerjali. (Rade bi večerjale.) / Rada bi večerjala.
What would you like for breakfast? Rolls with jam and honey? Toast with sausage and cheese?	Kaj želite za zajtrk? Žemljice z marmelado in medom? Toast s klobaso in sirom?
A boiled egg? A fried egg? An omelette?	Kuhano jajce? Jajce na oko? Palačinko? (Omleto?)
Another yoghurt, please. Some salt and pepper also, please. Another glass of water, please.	Prosim še en jogurt. Prosim še sol in poper. Prosim še en kozarec vode.

32 [thirty-two]

At the restaurant 4

32 [dvaintrideset]

V restavraciji 4

I'd like chips / French fries *(am.)* with ketchup.	Enkrat pomfrit s kečupom.
And two with mayonnaise.	In dvakrat z majonezo.
And three sausages with mustard.	In trikrat pečenico z gorčico.
What vegetables do you have?	Kakšno zelenjavo imate?
Do you have beans?	Imate fižol?
Do you have cauliflower?	Imate cvetačo?
I like to eat (sweet) corn.	Rad jem koruzo.
I like to eat cucumber.	Rad jem kumare.
I like to eat tomatoes.	Rad jem paradižnik.
Do you also like to eat leek?	Ali jeste radi tudi por?
Do you also like to eat sauerkraut?	Ali jeste radi tudi kislo zelje?
Do you also like to eat lentils?	Ali jeste radi tudi lečo?
Do you also like to eat carrots?	Ali ješ rad(a) tudi korenje?
Do you also like to eat broccoli?	Ali ješ rad(a) tudi brokoli?
Do you also like to eat peppers?	Ali ješ rad(a) tudi papriko?
I don't like onions.	Nimam rad(a) čebule.
I don't like olives.	Nimam rad(a) oliv.
I don't like mushrooms.	Nimam rad(a) gob.

33 [thirty-three]

At the train station

33 [triintrideset]

Na železniški postaji

When is the next train to Berlin?
When is the next train to Paris?
When is the next train to London?

Kdaj pelje naslednji vlak za Berlin?
Kdaj pelje naslednji vlak za Pariz?
Kdaj pelje naslednji vlak za London?

When does the train for Warsaw leave?
When does the train for Stockholm leave?
When does the train for Budapest leave?

Ob kateri uri pelje vlak za Varšavo?
Ob kateri uri pelje vlak za Stockholm?
Ob kateri uri pelje vlak za Budimpešto?

I'd like a ticket to Madrid.
I'd like a ticket to Prague.
I'd like a ticket to Bern.

Rad(a) bi vozovnico za Madrid.
Rad(a) bi vozovnico za Prago.
Rad(a) bi vozovnico za Bern.

When does the train arrive in Vienna?
When does the train arrive in Moscow?
When does the train arrive in Amsterdam?

Kdaj prispe vlak na Dunaj?
Kdaj prispe vlak v Moskvo?
Kdaj prispe vlak v Amsterdam?

Do I have to change trains?
From which platform does the train leave?
Does the train have sleepers?

Ali moram prestopiti?
S katerega tira odpelje vlak?
Ali ima ta vlak spalnik?

I'd like a one-way ticket to Brussels.
I'd like a return ticket to Copenhagen.
What does a berth in the sleeper cost?

Rad bi samo enosmerno vozovnico za Bruselj.
Rad bi povratno vozovnico za Kopenhagen.
Koliko stane eno mesto v spalniku?

34 [thirty-four]

On the train

34 [štiriintrideset]

Na vlaku

Is that the train to Berlin?
When does the train leave?
When does the train arrive in Berlin?

Je to vlak za Berlin?
Kdaj odpelje vlak?
Kdaj pripelje vlak v Berlin?

Excuse me, may I pass?
I think this is my seat.
I think you're sitting in my seat.

Oprostite, smem mimo?
Mislim, da je to moje mesto.
Mislim, da sedite na mojem mestu.

Where is the sleeper?
The sleeper is at the end of the train.
And where is the dining car? – At the front.

Kje je spalnik?
Spalnik je na koncu vlaka.
Kje pa je jedilni voz? – Na začetku.

Can I sleep below?
Can I sleep in the middle?
Can I sleep at the top?

Ali lahko spim spodaj?
Ali lahko spim v sredini?
Ali lahko spim zgoraj?

When will we get to the border?
How long does the journey to Berlin take?
Is the train delayed?

Kdaj bomo na meji?
Koliko traja vožnja do Berlina?
Ima vlak zamudo?

Do you have something to read?
Can one get something to eat and to drink here?
Could you please wake me up at 7 o'clock?

Imate kaj za brati?
Se lahko tu dobi kaj za jesti ali piti?
Me boste, prosim, zbudili ob sedmih?

35 [thirty-five]

At the airport

35 [petintrideset]

Na letališču

I'd like to book a flight to Athens.
Is it a direct flight?
A window seat, non-smoking, please.

Rad(a) bi rezerviral(a) let v Atene.
Ali je to neposreden let?
Prosim sedež pri oknu, v oddelku za nekadilce.

I would like to confirm my reservation.
I would like to cancel my reservation.
I would like to change my reservation.

Rad(a) bi potrdil(a) svojo rezervacijo.
Rad(a) bi preklical(a) svojo rezervacijo.
Rad(a) bi spremenil(a) svojo rezervacijo.

When is the next flight to Rome?
Are there two seats available?
No, we have only one seat available.

Kdaj odleti naslednje letalo v Rim?
Sta še prosti dve mesti?
Ne, imamo le še eno prosto mesto.

When do we land?
When will we be there?
When does a bus go to the city centre / center *(am.)*?

Kdaj pristanemo?
Kdaj bomo tam?
Kdaj pelje kakšen avtobus v središče mesta?

Is that your suitcase?
Is that your bag?
Is that your luggage?

Je to vaš kovček?
Je to vaša torba?
Je to vaša prtljaga?

How much luggage can I take?
Twenty kilos.
What? Only twenty kilos?

Koliko prtljage lahko vzamem s sabo?
Dvajset kilogramov.
Kaj, samo dvajset kilogramov?

36 [thirty-six]

Public transportation

36 [šestintrideset]

Javni primestni (lokalni) promet

Where is the bus stop?	Kje je avtobusno postajališče?
Which bus goes to the city centre / center *(am.)*?	Kateri avtobus pelje v center?
Which bus do I have to take?	S katerim avtobusom se moram peljati?
Do I have to change?	Ali moram prestopiti?
Where do I have to change?	Kje moram prestopiti?
How much does a ticket cost?	Koliko stane vozovnica?
How many stops are there before downtown / the city centre?	Koliko postajališč bo od tu do centra?
You have to get off here.	Tukaj morate izstopiti.
You have to get off at the back.	Izstopite lahko le zadaj.
The next train is in 5 minutes.	Naslednji vlak (podzemske železnice) prispe čez 5 minut.
The next tram is in 10 minutes.	Naslednji tramvaj prispe čez 10 minut.
The next bus is in 15 minutes.	Naslednji avtobus prispe čez 15 minut.
When is the last train?	Kdaj pelje zadnji vlak (podzemske železnice)?
When is the last tram?	Kdaj pelje zadnji tramvaj?
When is the last bus?	Kdaj pelje zadnji avtobus?
Do you have a ticket?	Imate vozovnico?
A ticket? – No, I don't have one.	Vozovnico? – Ne, nimam je.
Then you have to pay a fine.	V tem primeru morate plačati kazen.

37 [thirty-seven]

En route

37 [sedemintrideset]

Na poti

He drives a motorbike.
He rides a bicycle.
He walks.

On se pelje z motornim kolesom (z motorjem).
On se pelje s kolesom.
On gre peš.

He goes by ship.
He goes by boat.
He swims.

On se pelje z ladjo.
On se pelje s čolnom.
On plava.

Is it dangerous here?
Is it dangerous to hitchhike alone?
Is it dangerous to go for a walk at night?

Ali je tu nevarno?
Ali je tu nevarno, če sam potuješ z avtoštopom?
Ali se je nevarno sprehajati ponoči?

We got lost.
We're on the wrong road.
We must turn around.

Zašli smo.
Na napačni poti smo.
Moramo se vrniti.

Where can one park here?
Is there a parking lot here?
How long can one park here?

Kje je tu možno parkirati?
Je tu kakšno parkirišče?
Kako dolgo se sme tu parkirati?

Do you ski?
Do you take the ski lift to the top?
Can one rent skis here?

Ali smučate?
Se boste peljali gor s smučarsko žičnico (sedežnico, vlečnico)?
Si je možno tu izposoditi smuči?

38 [thirty-eight]

In the taxi

38 [osemintrideset]

Taksi

Please call a taxi.
What does it cost to go to the station?
What does it cost to go to the airport?

Prosim, pokličite taksi.
Koliko stane prevoz do železniške postaje?
Koliko stane prevoz do letališča?

Please go straight ahead.
Please turn right here.
Please turn left at the corner.

Prosim naravnost.
Prosim tu na desno.
Prosim tam na vogalu na levo.

I'm in a hurry.
I have time.
Please drive slowly.

Mudi se mi.
Imam čas.
Prosim peljite počasneje.

Please stop here.
Please wait a moment.
I'll be back immediately.

Tu se prosim ustavite.
Počakajte prosim trenutek.
Takoj bom nazaj.

Please give me a receipt.
I have no change.
That is okay, please keep the change.

Dajte mi, prosim, potrdilo o plačilu.
Nimam drobiža.
V redu, ostanek je za vas.

Drive me to this address.
Drive me to my hotel.
Drive me to the beach.

Peljite me na ta naslov.
Peljite me do mojega hotela.
Peljite me na obalo.

39 [thirty-nine]

Car breakdown

39 [devetintrideset]

Avtomobilska okvara, nesreča

Where is the next gas station?	Kje je najbližja bencinska postaja?
I have a flat tyre / tire *(am.)*.	Imam prazno gumo.
Can you change the tyre / tire *(am.)*?	Lahko zamenjate to kolo?
I need a few litres /liters *(am.)* of diesel.	Potrebujem par litrov dizelskega goriva.
I have no more petrol / gas *(am.)*.	Zmanjkalo mi je bencina.
Do you have a petrol can / jerry can / gas can *(am.)*?	Ali imate posodo za rezervno gorivo?
Where can I make a call?	Kje lahko telefoniram?
I need a towing service.	Potrebujem vlečno službo.
I'm looking for a garage.	Iščem avtomehanično delavnico.
An accident has occurred.	Zgodila se je nesreča.
Where is the nearest telephone?	Kje je najbližji telefon.
Do you have a mobile / cell phone *(am.)* with you?	Imate pri sebi mobilni telefon?
We need help.	Potrebujemo pomoč.
Call a doctor!	Pokličite zdravnika!
Call the police!	Pokličite policijo!
Your papers, please.	Dokumente, prosim.
Your licence / license *(am.)*, please.	Vozniško dovoljenje, prosim.
Your registration, please.	Prometno dovoljenje, prosim.

40 [forty]

Asking for directions

40 [štirideset]

Spraševanje na poti

Excuse me!	Oprostite!
Can you help me?	Ali mi lahko pomagate?
Is there a good restaurant around here?	Kje je tu kakšna dobra restavracija?
Take a left at the corner.	Tam na vogalu pojdite na levo.
Then go straight for a while.	Potem pojdite del poti naravnost.
Then go right for a hundred metres / meters *(am.)*.	Zatem pojdite v desno sto metrov.
You can also take the bus.	Lahko greste tudi z avtobusom.
You can also take the tram.	Lahko greste tudi s tramvajem.
You can also follow me with your car.	Lahko se tudi enostavno peljete za mano.
How do I get to the football / soccer *(am.)* stadium?	Kako pridem na nogometni stadion?
Cross the bridge!	Prečkajte most!
Go through the tunnel!	Peljite skozi tunel!
Drive until you reach the third traffic light.	Peljite se do tretjega semaforja.
Then turn into the first street on your right.	Potem zavijte v prvo ulico na desni.
Then drive straight through the next intersection.	Zatem peljite naravnost skozi naslednje križišče.
Excuse me, how do I get to the airport?	Oprostite, kako lahko pridem na letališče?
It is best if you take the underground / subway *(am.)*.	Najbolje je, da greste s podzemsko železnico (z metrojem).
Simply get out at the last stop.	Peljite se enostavno do končne postaje.

41 [forty-one]

41 [enainštirideset]

Where is … ?

Orientacija

Where is the tourist information office?	Kje je turistični urad?
Do you have a city map for me?	Ali imate zame kakšen načrt mesta?
Can one reserve a room here?	Ali je možno tu rezervirati hotelsko sobo?
Where is the old city?	Kje je stari del mesta?
Where is the cathedral?	Kje je stolnica?
Where is the museum?	Kje je muzej?
Where can one buy stamps?	Kje se lahko kupi pisemske znamke?
Where can one buy flowers?	Kje se lahko kupi cvetlice?
Where can one buy tickets?	Kje se lahko kupi vozovnice?
Where is the harbour / harbor *(am.)*?	Kje je pristanišče?
Where is the market?	Kje je tržnica?
Where is the castle?	Kje je grad?
When does the tour begin?	Kdaj se začne ogled mesta z vodnikom?
When does the tour end?	Kdaj se konča ogled mesta z vodnikom?
How long is the tour?	Kako dolgo traja ogled mesta z vodnikom?
I would like a guide who speaks German.	Rad(a) bi nemško govorečega vodnika.
I would like a guide who speaks Italian.	Rad(a) bi italijansko govorečega vodnika.
I would like a guide who speaks French.	Rad(a) bi francosko govorečega vodnika.

42 [forty-two]

City tour

42 [dvainštirideset]

Ogled mesta

Is the market open on Sundays?	Je tržnica ob nedeljah odprta?
Is the fair open on Mondays?	Je sejem ob ponedeljkih odprt?
Is the exhibition open on Tuesdays?	Je razstava ob torkih odprta?
Is the zoo open on Wednesdays?	Je živalski vrt ob sredah odprt?
Is the museum open on Thursdays?	Je muzej ob četrtkih odprt?
Is the gallery open on Fridays?	Je galerija ob petkih odprta?
Can one take photographs?	Se sme fotografirati?
Does one have to pay an entrance fee?	Je treba plačati za vstop?
How much is the entrance fee?	Koliko stane vstopnica?
Is there a discount for groups?	Obstaja popust za skupine?
Is there a discount for children?	Obstaja popust za otroke?
Is there a discount for students?	Obstaja popust za študente?
What building is that?	Kaj za ena zgradba je to?
How old is the building?	Koliko je ta zgradba stara?
Who built the building?	Kdo je zgradil to zgradbo?
I'm interested in architecture.	Zanima me arhitektura. (Zanimam se za arhitekturo.)
I'm interested in art.	Zanima me umetnost. (Zanimam se za umetnost.)
I'm interested in paintings.	Zanima me slikarstvo. (Zanimam se za slikarstvo.)

43 [forty-three]

At the zoo

43 [triinštirideset]

V živalskem vrtu

The zoo is there.
The giraffes are there.
Where are the bears?

Tam je živalski vrt.
Tam so žirafe.
Kje so medvedi?

Where are the elephants?
Where are the snakes?
Where are the lions?

Kje so sloni?
Kje so kače?
Kje so levi?

I have a camera.
I also have a video camera.
Where can I find a battery?

Imam fotoaparat.
Imam tudi filmsko kamero.
Kje je baterija?

Where are the penguins?
Where are the kangaroos?
Where are the rhinos?

Kje so pingvini?
Kje so kenguruji?
Kje so nosorogi?

Where is the toilet / restroom *(am.)*?
There is a café over there.
There is a restaurant over there.

Kje je stranišče?
Tam je (ena) kavarna.
Tam je (ena) restavracija.

Where are the camels?
Where are the gorillas and the zebras?
Where are the tigers and the crocodiles?

Kje so kamele?
Kje so gorile in zebre?
Kje so tigri in krokodili?

44 [forty-four]

Going out in the evening

44 [štiriinštirideset]

Večerni izhod

Is there a disco here? Is there a nightclub here? Is there a pub here?	Je tu kakšna diskoteka? Je tu kakšen nočni klub? Je tu kakšna krčma (gostilna)?
What's playing at the theatre / theater *(am.)* this evening? What's playing at the cinema / movies *(am.)* this evening? What's on TV this evening?	Kaj danes zvečer (nocoj) predvajajo v gledališču? Kaj je danes zvečer (nocoj) na sporedu v kinu? Kaj je danes zvečer (nocoj) na televiziji?
Are tickets for the theatre / theater *(am.)* still available? Are tickets for the cinema / movies *(am.)* still available? Are tickets for the football / soccer *am.* game still available?	Ali se še dobi vstopnice za gledališče? Ali se še dobi vstopnice za kino? Ali se še dobi vstopnice za nogometno tekmo?
I want to sit in the back. I want to sit somewhere in the middle. I want to sit at the front.	Rad(a) bi sedel(a) povsem zadaj. Rad(a) bi sedel(a) nekje v sredini. Rad(a) bi sedel(a) čisto spredaj.
Could you recommend something? When does the show begin? Can you get me a ticket?	Mi lahko kaj priporočate? Kdaj se začne predstava? Mi lahko priskrbite eno vstopnico?
Is there a golf course nearby? Is there a tennis court nearby? Is there an indoor swimming pool nearby?	Je tu v bližini kakšno igrišče za golf? Je tu v bližini kakšno teniško igrišče? Je tu v bližini kakšen pokriti bazen?

45 [forty-five]

At the cinema

45 [petinštirideset]

V kinu

We want to go to the cinema.	Radi(Rade) bi šli (šle) v kino.
A good film is playing today.	Danes je na sporedu en dober film.
The film is brand new.	To je čisto nov film.
Where is the cash register?	Kje je blagajna?
Are seats still available?	Ali so še prosta mesta?
How much are the admission tickets?	Koliko stanejo vstopnice?
When does the show begin?	Kdaj začne predstava?
How long is the film?	Kako dolgo traja film?
Can one reserve tickets?	Ali se lahko rezervira vstopnice?
I want to sit at the back.	Rad(a) bi sedel(a) zadaj.
I want to sit at the front.	Rad(a) bi sedel(a) spredaj.
I want to sit in the middle.	Rad(a) bi sedel(a) v sredini.
The film was exciting.	Film je bil napet.
The film was not boring.	Film ni bil dolgočasen.
But the book on which the film was based was better.	Vendar je bila knjiga, po kateri je bil posnet film, boljša.
How was the music?	Kakšna je bila glasba?
How were the actors?	Kakšni so bili igralci?
Were there English subtitles?	So bili podnaslovi v angleščini?

46 [forty-six]

In the discotheque

46 [šestinštirideset]

V diskoteki

Is this seat taken?
May I sit with you?
Sure.

Je to mesto tu prosto?
Lahko prisedem? (Lahko sedem tu k vam?)
Lahko.

How do you like the music?
A little too loud.
But the band plays very well.

Kakšna se vam zdi glasba?
Malo preglasna je.
Vendar igra bend čisto v redu.

Do you come here often?
No, this is the first time.
I've never been here before.

Ali ste pogosto tu?
Ne, prvikrat sem tu.
Še nikoli nisem bil(a) tu.

Would you like to dance?
Maybe later.
I can't dance very well.

Ali plešete?
Morda pozneje.
Ne znam ravno dobro plesati.

It's very easy.
I'll show you.
No, maybe some other time.

To je čisto enostavno.
Pokažem vam.
Ne, rajši kdaj drugič.

Are you waiting for someone?
Yes, for my boyfriend.
There he is!

Ali na koga čakate?
Da, na prijatelja (na fanta).
Evo ga, tam prihaja!

47 [forty-seven]

Preparing a trip

47 [sedeminštirideset]

Priprave za potovanje

You have to pack our suitcase!	Spakiraj najin kovček!
Don't forget anything!	Da ne boš česa pozabil!
You need a big suitcase!	Potrebuješ velik kovček!
Don't forget your passport!	Ne pozabi vzeti potni list!
Don't forget your ticket!	Ne pozabi vzeti letalsko vozovnico!
Don't forget your traveller's cheques / traveler's checks *(am.)*!	Ne pozabi vzeti potovale čeke!
Take some suntan lotion with you.	Vzemi s sabo kremo za sončenje.
Take the sun-glasses with you.	Vzemi s sabo sončna očala.
Take the sun hat with you.	Vzemi s sabo slamnik.
Do you want to take a road map?	Bi hotel s seboj vzeti avtomobilsko karto?
Do you want to take a travel guide?	Bi hotel s seboj vzeti turistični vodnik?
Do you want to take an umbrella?	Bi hotel s seboj vzeti dežnik?
Remember to take pants, shirts and socks.	Ne pozabi na hlače, srajce, nogavice.
Remember to take ties, belts and sports jackets.	Ne pozabi na kravate, pasove, sakoje.
Remember to take pyjamas, nightgowns and t-shirts.	Ne pozabi na pižame, spalne srajce in majice.
You need shoes, sandals and boots.	Rabil boš čevlje, sandale in škornje.
You need handkerchiefs, soap and a nail clipper.	Rabil boš robce, milo inškarjice za nohte.
You need a comb, a toothbrush and toothpaste.	Rabil boš glavnik, zobno ščetko (krtačko za zobe) in zobno pasto.

48 [forty-eight]

Vacation activities

48 [oseminštirideset]

Aktivnosti na dopustu (na počitnicah)

Is the beach clean?	Je plaža (obala) čista?
Can one swim there?	Je tam možno kopanje?
Isn't it dangerous to swim there?	Se ni nevarno tam kopati?
Can one rent a sun umbrella / parasol here?	Si je možno tu izposoditi sončnik?
Can one rent a deck chair here?	Si je možno tu izposoditi ležalnik?
Can one rent a boat here?	Si je možno tu izposoditi čoln?
I would like to surf.	Rad(a) bi surfal(a) (jadral(a) na deski).
I would like to dive.	Rad(a) bi se potapljal(a).
I would like to water ski.	Rad(a) bi smučal(a) na vodi.
Can one rent a surfboard?	Je možen najem jadralne deske?
Can one rent diving equipment?	Je možen najem potapljaške opreme?
Can one rent water skis?	Je možen najem vodnih smuči?
I'm only a beginner.	Sem šele začetnik (začetnica).
I'm moderately good.	Sem srednjedober (srednjedobra).
I'm pretty good at it.	Že kar dobro mi gre to.
Where is the ski lift?	Kje je smučarska žičnica (sedežnica, vlečnica)?
Do you have skis?	Pa imaš s sabo smuči?
Do you have ski boots?	Pa imaš s sabo smučarske čevlje?

49 [forty-nine]

Sports

49 [devetinštirideset]

Šport

Do you exercise?
Yes, I need some exercise.
I am a member of a sports club.

Se ukvarjaš s športom?
Ja, moram se gibati.
Vključen(a) sem v športno društvo (športni klub).

We play football / soccer *(am.)*.
We swim sometimes.
Or we cycle.

Igramo nogomet.
Včasih plavamo.
Ali pa se vozimo s kolesi.

There is a football / soccer *(am.)* stadium in our city.
There is also a swimming pool with a sauna.
And there is a golf course.

V našem mestu imamo nogometni stadion.
Imamo tudi plavalni bazen s savno.
In imamo igrišče za golf.

What is on TV?
There is a football / soccer *(am.)* match on now.
The German team is playing against the English one.

Kaj je na televiziji?
Pravkar je nogometna tekma.
Nemška reprezentanca igra proti angleški.

Who is winning?
I have no idea.
It is currently a tie.

Kdo bo zmagal?
Nimam pojma.
Trenutno je neodločeno.

The referee is from Belgium.
Now there is a penalty.
Goal! One – zero!

Sodnik prihaja iz Belgije.
Zdaj imamo enajstmetrovko.
Gol! Ena proti nič!

50 [fifty]

In the swimming pool

50 [petdeset]

Na kopališču

It is hot today.	Danes je vroče.
Shall we go to the swimming pool?	Gremo (greva) na kopališče?
Do you feel like swimming?	Si želiš na plavanje?
Do you have a towel?	Imaš brisačo?
Do you have swimming trunks?	Imaš kopalke?
Do you have a bathing suit?	Imaš kopalno obleko?
Can you swim?	Znaš plavati?
Can you dive?	Se znaš potapljati?
Can you jump in the water?	Znaš skakati v vodo?
Where is the shower?	Kje je prha?
Where is the changing room?	Kje je kabina za preoblačenje?
Where are the swimming goggles?	Kje so plavalna očala?
Is the water deep?	Je ta voda globoka?
Is the water clean?	Je ta voda čista?
Is the water warm?	Je ta voda topla?
I am freezing.	Zebe me.
The water is too cold.	Ta voda je premrzla.
I am getting out of the water now.	Jaz grem kar iz vode.

51 [fifty-one]

Running errands

51 [enainpetdeset]

Opravki, nakupovanje

I want to go to the library. I want to go to the bookstore. I want to go to the newspaper stand.	Hočem v knjižnico. Hočem v knjigarno. Hočem nekaj kupiti v kiosku.
I want to borrow a book. I want to buy a book. I want to buy a newspaper.	Rad(a) bi si izposodil(a) eno knigo. Rad(a) bi kupil(a) eno knjigo. Rad(a) bi kupil(a) en časopis.
I want to go to the library to borrow a book. I want to go to the bookstore to buy a book. I want to go to the kiosk / newspaper stand to buy a newspaper.	Rad(a) si bi šel(šla) v knjižnico izposodit eno knjigo. Rad(a) bi šel(šla) v knjigarno kupit eno knjigo. Hočem v kiosku kupit en časopis.
I want to go to the optician. I want to go to the supermarket. I want to go to the bakery.	Hočem k optiku. Hočem v samopostrežnico. Hočem k peku.
I want to buy some glasses. I want to buy fruit and vegetables. I want to buy rolls and bread.	Hočem kupiti očala. Hočem kupiti sadje in zelenjavo. Hočem kupiti žemljice in kruh.
I want to go to the optician to buy glasses. I want to go to the supermarket to buy fruit and vegetables. I want to go to the baker to buy rolls and bread.	Hočem k optiku, da kupim ena očala. Hočem v samopostrežnico po sadje in zelenjavo. Hočem v pekarno po žemljice in kruh.

52 [fifty-two]

In the department store

52 [dvainpetdeset]

V blagovnici (veleblagovnici, trgovski hiši)

Shall we go to the department store?	Gremo v veleblagovnico?
I have to go shopping.	Moram po nakupih.
I want to do a lot of shopping.	Rad(a) bi kupil(a) precej stvari.
Where are the office supplies?	Kje je pisarniški material?
I need envelopes and stationery.	Potrebujem pisemske ovitke in pisemski papir.
I need pens and markers.	Potrebujem kulije in flomastre.
Where is the furniture?	Kje je pohištvo?
I need a cupboard and a chest of drawers.	Potrebujem eno omaro in en predalnik (eno komodo).
I need a desk and a bookshelf.	Potrebujem eno pisalno mizo in en regal (eno polico).
Where are the toys?	Kje so igrače?
I need a doll and a teddy bear.	Potrebujem eno punčko in enega medvedka.
I need a football and a chess board.	Potrebujem eno nogometno žogo in šahovsko garnituro.
Where are the tools?	Kje je orodje?
I need a hammer and a pair of pliers.	Potrebujem eno kladivo in klešče.
I need a drill and a screwdriver.	Potrebujem vrtalnik in en izvijač.
Where is the jewellery / jewelry *(am.)* department?	Kje je nakit?
I need a chain and a bracelet.	Potrebujem eno verižico in zapestnico.
I need a ring and earrings.	Potrebujem en prstan in uhane.

53 [fifty-three]

Shops

53 [triinpetdeset]

Opravki

We're looking for a sports shop.	Iščemo (iščeva) trgovino s športnimi potrebščinami.
We're looking for a butcher shop.	Iščemo (iščeva) mesnico.
We're looking for a pharmacy / drugstore *(am.)*.	Iščemo (iščeva) lekarno (apoteko).
We want to buy a football.	Radi bi namreč kupili (Rada bi kupila, Rade bi kupile) nogometno žogo.
We want to buy salami.	Radi bi namreč kupili (Rada bi kupila, Rade bi kupile) salamo.
We want to buy medicine.	Radi bi namreč kupili (Rada bi kupila, Rade bi kupile) zdravila.
We're looking for a sports shop to buy a football.	Iščemo (iščeva) trgovino s športnimi potrebščinami, da bi kupili (kupili, kupile) nogometno žogo.
We're looking for a butcher shop to buy salami.	Iščemo (iščeva) mesnico, da bi kupili (kupile) salamo.
We're looking for a drugstore to buy medicine.	Iščemo (iščeva) lekarno, da bi kupili (kupile) zdravila.
I'm looking for a jeweller / jeweler *(am.)*.	Iščem zlatarja.
I'm looking for a photo equipment store.	Iščem trgovino s fotomaterialom.
I'm looking for a confectionery.	Iščem slaščičarno.
I actually plan to buy a ring.	Hočem namreč kupiti en prstan.
I actually plan to buy a roll of film.	Hočem namreč kupiti en film.
I actually plan to buy a cake.	Hočem namreč kupiti eno torto.
I'm looking for a jeweler to buy a ring.	Iščem zlatarja, ker bi rad kupil en prstan.
I'm looking for a photo shop to buy a roll of film.	Iščem trgovino s fotomaterialom, ker bi rad kupil en film.
I'm looking for a confectionery to buy a cake.	Iščem slaščičarno, ker bi rad kupil eno torto.

54 [fifty-four]

Shopping

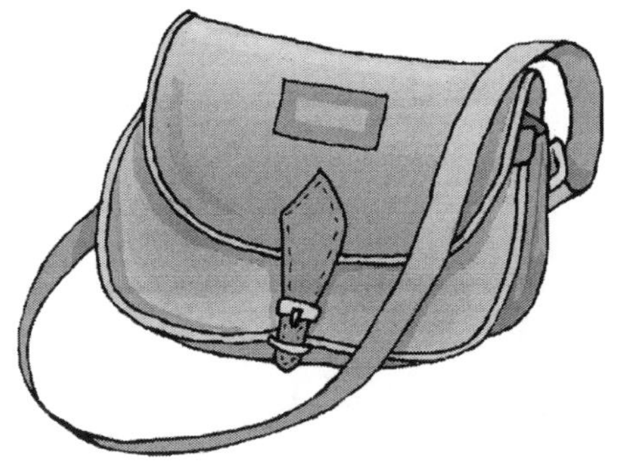

54 [štiriinpetdeset]

Nakupovanje

I want to buy a present.	Rad(a) bi kupil(a) eno darilo.
But nothing too expensive.	Vendar ne predrago.
Maybe a handbag?	Morda (ročno) torbico?
Which color would you like?	V kakšni barvi bi jo želeli?
Black, brown or white?	V črni, rjavi ali beli?
A large one or a small one?	Veliko ali majhno?
May I see this one, please?	Si lahko tole pogledam?
Is it made of leather?	Je tale iz usnja?
Or is it made of plastic?	Ali iz umetne snovi?
Of leather, of course.	Seveda je iz usnja.
This is very good quality.	Je zelo dobre kakovosti.
And the bag is really very reasonable.	In ta torbica je resnično zelo poceni.
I like it.	Dopade se mi.
I'll take it.	Vzamem jo.
Can I exchange it if needed?	Jo lahko kasneje eventualno zamenjam?
Of course.	Seveda.
We'll gift wrap it.	Eno bomo zapakirali kot darilo.
The cashier is over there.	Tam preko (tam na drugi strani) je blagajna.

55 [fifty-five]

Working

55 [petinpetdeset]

Na delu

What do you do for a living?
My husband is a doctor.
I work as a nurse part-time.

S čim se poklicno ukvarjate?
Moj mož je po poklicu zdravnik.
Jaz delam kot medicinska sestra s polovičnim delovnim časom.

We will soon receive our pension.
But taxes are high.
And health insurance is expensive.

Kmalu bova šla v pokoj.
Ampak davki so visoki.
In zdravstveno zavarovanje je drago.

What would you like to become some day?
I would like to become an engineer.
I want to go to college.

Kaj bi rad(a) nekoč postal(a)?
Rad(a) bi postal(a) inženir.
Hočem študirati na univerzi.

I am an intern.
I do not earn much.
I am doing an internship abroad.

Sem pripravnik (praktikant).
Ne zaslužim veliko.
Opravljam pripravništvo (praktikum) v tujini.

That is my boss.
I have nice colleagues.
We always go to the cafeteria at noon.

To je moj šef.
Imam prijetne kolege.
Opoldne gremo vedno v menzo.

I am looking for a job.
I have already been unemployed for a year.
There are too many unemployed people in this country.

Iščem službo (zaposlitev).
Eno leto sem že brezposeln(a).
V tej deželi je preveč brezposelnih.

56 [fifty-six]

Feelings

56 [šestinpetdeset]

Občutki, čustva

to feel like / want to	uživati
We feel like / want to.	Mi uživamo (se imamo prijetno). / Midva (Medve) uživava (se imava prijetno).
We don't feel like / want to.	Ne uživamo (uživava).
to be afraid	bati se
I'm afraid.	Bojim se.
I am not afraid.	Ne bojim se.
to have time	imeti čas
He has time.	On ima čas.
He has no time.	On nima časa.
to be bored	dolgočasiti se
She is bored.	Ona se dolgočasi. (Njej je dolgčas.)
She is not bored.	Ona se ne dolgočasi. (Njej ni dolgčas.)
to be hungry	biti lačen
Are you hungry?	Ali ste lačni?
Aren't you hungry?	Ali niste lačni?
to be thirsty	biti žejen
They are thirsty.	Vi ste žejni. (Ve ste žejne.)
They are not thirsty.	Vi niste žejni. (Ve niste žejne.)

57 [fifty-seven]

At the doctor

57 [sedeminpetdeset]

Pri zdravniku

I have a doctor's appointment.	Naročen(a) sem pri zdravniku.
I have the appointment at ten o'clock.	Naročen(a) sem za ob desetih.
What is your name?	Kako vam je ime?
Please take a seat in the waiting room.	Prosim usedite se v čakalnici.
The doctor is on his way.	Zdravnik pride takoj.
What insurance company do you belong to?	Kje ste zavarovani?
What can I do for you?	Kaj lahko storim za vas?
Do you have any pain?	Vas boli? (Čutite bolečine?)
Where does it hurt?	Kje vas boli?
I always have back pain.	Stalno me boli hrbet.
I often have headaches.	Pogosto me boli glava.
I sometimes have stomach aches.	Včasih me boli trebuh.
Remove your top!	Prosim slecite se do pasu!
Lie down on the examining table.	Ulezite se prosim na ležalnik (kavč).
Your blood pressure is okay.	Krvni tlak je v redu.
I will give you an injection.	Dal(a) vam bom injekcijo.
I will give you some pills.	Dal(a) vam bom tablete.
I am giving you a prescription for the pharmacy.	Dal(a) vam bom recept za v lekarno.

58 [fifty-eight]

Parts of the body

58 [oseminpetdeset]

Deli telesa

I am drawing a man.
First the head.
The man is wearing a hat.

Rišem moža.
Najprej glava.
Mož nosi klobuk.

One cannot see the hair.
One cannot see the ears either.
One cannot see his back either.

Las se ne vidi.
Tudi ušes se ne vidi.
Hrbta tudi ni videti.

I am drawing the eyes and the mouth.
The man is dancing and laughing.
The man has a long nose.

Rišem oči in usta.
Mož pleše in se smeje.
Mož ima dolg nos.

He is carrying a cane in his hands.
He is also wearing a scarf around his neck.
It is winter and it is cold.

V rokah drži palico.
Okoli vrata ima ovit šal.
Zima je in je mrzlo.

The arms are athletic.
The legs are also athletic.
The man is made of snow.

Roke so močne (čvrste).
Tudi noge so močne (čvrste).
Mož je iz snega.

He is neither wearing pants nor a coat.
But the man is not freezing.
He is a snowman.

Ne nosi ne hlač, ne plašča.
Vendar tega moža ne zebe.
On je sneženi mož.

59 [fifty-nine]

At the post office

59 [devetinpetdeset]

Na pošti (Na poštnem uradu)

Where is the nearest post office?	Kje je najbližja pošta (najbližji poštni urad)?
Is the post office far from here?	Je daleč do najbližje pošte (do najbližjega poštnega urada)?
Where is the nearest mail box?	Kje je najbližji poštni (pisemski) nabiralnik?
I need a couple of stamps.	Potrebujem dve pisemski znamki.
For a card and a letter.	Za dopisnico (razglednico) in za pismo.
How much is the postage to America?	Koliko znaša poštnina za Ameriko?
How heavy is the package?	Kolikšna je teža paketa?
Can I send it by air mail?	Lahko to pošljem letalsko?
How long will it take to get there?	V kolikem času prispe?
Where can I make a call?	Kje lahko telefoniram?
Where is the nearest telephone booth?	Kje je najbližja telefonska celica?
Do you have calling cards?	Ali imate telefonsko kartico?
Do you have a telephone directory?	Ali imate telefonski imenik?
Do you know the area code for Austria?	Ali poznate karakteristično številko za Avstrijo?
One moment, I'll look it up.	Samo trenutek, da pogledam.
The line is always busy.	Linija je vedno zasedena.
Which number did you dial?	Kakšno številko ste zavrteli (izbrali)?
You have to dial a zero first!	Najprej morate zavrteti (izbrati) nič!

60 [sixty]

At the bank

60 [šestdeset]

Na banki

I would like to open an account.
Here is my passport.
And here is my address.

Rad(a) bi odprl(a) račun.
Tu je moj potni list.
In tu je moj naslov.

I want to deposit money in my account.
I want to withdraw money from my account.
I want to pick up the bank statements.

Rad(a) bi vplačal(a) denar na svoj račun.
Rad(a) bi dvignil(a) denar s svojega računa.
Prosim izpisek stanja na računu.

I want to cash a traveller's cheque / traveler's check *(am.)*.
What are the fees?
Where should I sign?

Rad(a) bi vnovčil(a) potovalni ček.
Kako visoke so provizije?
Kje moram podpisati?

I'm expecting a transfer from Germany.
Here is my account number.
Has the money arrived?

Pričakujem eno nakazilo iz Nemčije.
Tu je moja številka računa.
Je denar prispel?

I want to change money.
I need US-Dollars.
Could you please give me small notes / bills *(am.)*?

Rad bi zamenjal ta denar.
Potrebujem ameriške dolarje.
Prosim dajte mi drobne bankovce.

Is there a cashpoint / an ATM *(am.)*?
How much money can one withdraw?
Which credit cards can one use?

Ali je tu kakšen bankomat?
Koliko denarja se lahko dvigne?
Kakšne kreditne kartice se da uporabiti?

61 [sixty-one]

Ordinal numbers

61 [enainšestdeset]

Vrstilni števniki

The first month is January.
The second month is February.
The third month is March.

Prvi mesec je januar.
Drugi mesec je februar.
Tretji mesec je marec.

The fourth month is April.
The fifth month is May.
The sixth month is June.

Četrti mesec je april.
Peti mesec je maj.
Šesti mesec je junij.

Six months make half a year.
January, February, March,
April, May and June.

Šest mesecev je pol (polovica) leta.
Januar, februar, marec,
april, maj in junij.

The seventh month is July.
The eighth month is August.
The ninth month is September.

Sedmi mesec je julij.
Osmi mesec je avgust.
Deveti mesec je september.

The tenth month is October.
The eleventh month is November.
The twelfth month is December.

Deseti mesec je oktober.
Enajsti mesec je november.
Dvanajsti mesec december.

Twelve months make a year.
July, August, September,
October, November and December.

Dvanajst mesecev je eno leto.
Julij, avgust, september,
oktober, november in december.

62 [sixty-two]

Asking questions 1

62 [dvainšestdeset]

Postavljanje vprašanj 1

to learn
Do the students learn a lot?
No, they learn a little.

učiti se
Se šolarji (učenci, dijaki) veliko učijo?
Ne, malo.

to ask
Do you often ask the teacher questions?
No, I don't ask him questions often.

vprašati (spraševati)
Ali pogosto sprašujete učitelja?
Ne sprašujem ga pogosto.

to reply
Please reply.
I reply.

odgovoriti (odgovarjati)
Odgovorite, prosim.
Odgovarjam.

to work
Is he working right now?
Yes, he is working right now.

delati
Ali on zdaj de dela?
Da, on zdaj dela.

to come
Are you coming?
Yes, we are coming soon.

priti, prihajati
Ali pridete?
Da, takoj pridemo.

to live
Do you live in Berlin?
Yes, I live in Berlin.

stanovati
Stanujete v Berlinu?
Da, stanujem v Berlinu.

63 [sixty-three]

Asking questions 2

63 [triinšestdeset]

Postavljanje vprašanj 2

I have a hobby.
I play tennis.
Where is the tennis court?

Imam en hobi (enega konjička).
Igram tenis.
Kje je teniško igrišče?

Do you have a hobby?
I play football / soccer *(am.)*.
Where is the football / soccer *(am.)* field?

Imaš kakšen hobi (kakšnega konjička)?
Igram nogomet.
Kje je nogometno igrišče?

My arm hurts.
My foot and hand also hurt.
Is there a doctor?

Boli me rama.
Bolita me tudi noga in roka.
Kje je kakšen zdravnik?

I have a car/automobile.
I also have a motorcycle.
Where could I park?

Imam avto.
Imam tudi motorno kolo (motor).
Kje je kakšno parkirišče?

I have a sweater.
I also have a jacket and a pair of jeans.
Where is the washing machine?

Imam en pulover.
Imam tudi jopič (jopo) in hlače iz jeansa.
Kje je pralni stroj?

I have a plate.
I have a knife, a fork and a spoon.
Where is the salt and pepper?

Imam en krožnik.
Imam nož, vilice in žlico.
Kje sta sol in poper?

64 [sixty-four]

Negation 1

64 [štiriinšestdeset]

Negacija 1

I don't understand the word.
I don't understand the sentence.
I don't understand the meaning.

Ne razumem te besede.
Ne razumem tega stavka.
Ne razumem pomena.

the teacher
Do you understand the teacher?
Yes, I understand him well.

učitelj
Ali razumete učitelja?
Da, dobro ga razumem.

the teacher
Do you understand the teacher?
Yes, I understand her well.

učiteljica
Ali razumete učiteljico?
Da, dobro jo razumem.

the people
Do you understand the people?
No, I don't understand them so well.

ljudje
Ali razumete ljudi?
Ne, ne razumem jih ravno dobro.

the girlfriend
Do you have a girlfriend?
Yes, I do.

prijateljica
Ali imate kakšno prijateljico?
Da, imam eno.

the daughter
Do you have a daughter?
No, I don't.

hči
Ali imate kakšno hčerko?
Ne, nimam nobene.

65 [sixty-five]

65 [petinšestdeset]

Negation 2

Negacija 2

Is the ring expensive? No, it costs only one hundred Euros. But I have only fifty.	Ali je ta prstan drag? Ne, stane le sto evrov. Ampak jaz jih imam samo petdeset.
Are you finished? No, not yet. But I'll be finished soon.	Si že gotov(a) (pripravljen(a))? Ne, ne še. A bom takoj gotov(a) (pripravljen(a)).
Do you want some more soup? No, I don't want anymore. But another ice cream.	Bi še rad(a) juhe? Ne, nočem je več. Ampak bi še sladoled.
Have you lived here long? No, only for a month. But I already know a lot of people.	Že dolgo stanuješ tu? Ne, šele en mesec. Vendar poznam že veliko ljudi.
Are you driving home tomorrow? No, only on the weekend. But I will be back on Sunday.	Ali se jutri pelješ domov? Ne, šele konec tedna. Vendar pridem že v nedeljo nazaj.
Is your daughter an adult? No, she is only seventeen. But she already has a boyfriend.	Je tvoja hči že odrasla? Ne, ima šele sedemnajst let. Vendar že ima fanta.

66 [sixty-six]

Possessive pronouns 1

66 [šestinšestdeset]

Svojilni zaimki 1

I – my	jaz – moj
I can't find my key.	Ne najdem svojega ključa.
I can't find my ticket.	Ne najdem svoje vozovnice.
you – your	ti – tvoj
Have you found your key?	Si našel svoj ključ?
Have you found your ticket?	Si našel svojo vozovnico?
he – his	on – njegov
Do you know where his key is?	Ali veš, kje je njegov ključ?
Do you know where his ticket is?	Ali veš, kje je njegova vozovnica?
she – her	ona – njen
Her money is gone.	Njen denar je izgubljen.
And her credit card is also gone.	In izgubljena je tudi njena kreditna kartica.
we – our	mi – naš
Our grandfather is ill.	Naš dedek je bolan.
Our grandmother is healthy.	Naša babica je zdrava.
you – your	vi – vaš
Children, where is your father?	Otroci, kje je vaš oči (ati)?
Children, where is your mother?	Otroci, kje je vaša mami?

67 [sixty-seven]

Possessive pronouns 2

67 [sedeminšestdeset]

Svojilni zaimki 2

the glasses
He has forgotten his glasses.
Where has he left his glasses?

očala
Pozabil je svoja očala.
Kje neki ima svoja očala?

the clock
His clock isn't working.
The clock hangs on the wall.

ura
Njegova ura je pokvarjena.
Ura visi na steni.

the passport
He has lost his passport.
Where is his passport then?

potni list
On je izgubil svoj potni list.
Le kje ima svoj potni list?

they – their
The children cannot find their parents.
Here come their parents!

oni – njihov
Otroci ne morejo najti svojih staršev.
Ampak, glej, prihajajo njihovi starši!

you – your
How was your trip, Mr. Miller?
Where is your wife, Mr. Miller?

vi – vaš
Kako ste se imeli na potovanju, gospod Müller?
Kje je vaša žena, gospod Müller?

you – your
How was your trip, Mrs. Smith?
Where is your husband, Mrs. Smith?

ona – njen
Kako ste se imeli na potovanju, gospa Schmidt?
Kje je vaš mož, gospa Schmidt?

68 [sixty-eight]

big – small

68
[oseminšestdeset]

velik – majhen

big and small
The elephant is big.
The mouse is small.

velik in majhen
Slon je velik.
Miš je majhna.

dark and bright
The night is dark.
The day is bright.

temen in svetel
Noč je temna.
Dan je svetel.

old and young
Our grandfather is very old.
70 years ago he was still young.

star in mlad
Naš ded (stari oče) je zelo star.
Pred sedemdesetimi leti je bil še mlad.

beautiful and ugly
The butterfly is beautiful.
The spider is ugly.

lep in grd
Metulj je lep.
Pajek je grd.

fat and thin
A woman who weighs a hundred kilos is fat.
A man who weighs fifty kilos is thin.

debel in suh
Ženska s sto kilami je debela.
Moški s petdesetimi kilami je suh.

expensive and cheap
The car is expensive.
The newspaper is cheap.

drag in poceni
Avto je drag.
Časopis je poceni.

69 [sixty-nine]

to need – to want to

69 [devetinšestdeset]

potrebovati – hoteti

I need a bed.
I want to sleep.
Is there a bed here?

Potrebujem posteljo.
Hočem spati.
Je tu kakšna postelja?

I need a lamp.
I want to read.
Is there a lamp here?

Potrebujem eno svetilko.
Hočem brati.
Je tu kakšna svetilka?

I need a telephone.
I want to make a call.
Is there a telephone here?

Potrebujem telefon.
Hočem telefonirati.
Je tu kakšen telefon?

I need a camera.
I want to take photographs.
Is there a camera here?

Potrebujem kamero.
Hočem fotografirati.
Je tu kakšna kamera?

I need a computer.
I want to send an email.
Is there a computer here?

Potrebujem računalnik.
Hočem nekaj poslati po elektronski pošti.
Je tu kakšen računalnik?

I need a pen.
I want to write something.
Is there a sheet of paper and a pen here?

Potrebujem kuli.
Hočem nekaj napisati.
Ali je tu kakšen kos papirja in kakšen kuli?

70 [seventy]

to like something

70 [sedemdeset]

nekaj imeti rad

Would you like to smoke?	Želite kadite?
Would you like to dance?	Želite plesati?
Would you like to go for a walk?	Bi šli radi na sprehod?
I would like to smoke.	Rad bi kadil.
Would you like a cigarette?	Bi rad(a) eno cigareto?
He wants a light.	On bi rad ogenj.
I want to drink something.	Rad(a) bi nekaj popil(a).
I want to eat something.	Rad(a) bi nekaj pojedel (pojedla).
I want to relax a little.	Rad(a) bi si malo spočil(a).
I want to ask you something.	Rad(a) bi vas nekaj vprašal(a).
I want to ask you for something.	Rad(a) bi vas nekaj prosil(a).
I want to treat you to something.	Rad(a) bi vas na nekaj povabil(a).
What would you like?	Kaj želite, prosim?
Would you like a coffee?	Želite kavo?
Or do you prefer a tea?	Ali bi raje čaj?
We want to drive home.	Radi bi se peljali domov.
Do you want a taxi?	Želite taksi?
They want to make a call.	Oni bi radi telefonirali. (One bi rade telefonirale.)

71 [seventy-one]

to want something

71 [enainsedemdeset]

nekaj hoteti (želeti)

What do you want to do?	Kaj hočete?
Do you want to play football / soccer *(am.)*?	Hočete igrati nogomet?
Do you want to visit friends?	Hočete obiskati prijatelja?
to want	hoteti
I don't want to arrive late.	Nočem priti pozno.
I don't want to go there.	Nočem iti tja.
I want to go home.	Hočem (iti) domov.
I want to stay at home.	Hočem ostati doma.
I want to be alone.	Hočem biti sam(a).
Do you want to stay here?	Hočeš ostati tu?
Do you want to eat here?	Hočeš jesti tu?
Do you want to sleep here?	Hočeš spati tu?
Do you want to leave tomorrow?	Hočete jutri odpotovati?
Do you want to stay till tomorrow?	Hočete ostati do jutri?
Do you want to pay the bill only tomorrow?	Hočete plačati račun šele jutri?
Do you want to go to the disco?	Hočete v disko?
Do you want to go to the cinema?	Hočete v kino?
Do you want to go to a café?	Hočete v kavarno?

72 [seventy-two]

to have to do something / must

72 [dvainsedemdeset]

nekaj morati

must	morati
I must post the letter.	Moram odposlati to pismo.
I must pay the hotel.	Moram plačati hotel.
You must get up early.	Moraš zgodaj vstati.
You must work a lot.	Ti moraš veliko delati.
You must be punctual.	Moraš biti točen (natančen) / točna (natančna).
He must fuel / get petrol / get gas *(am.)*.	On mora tankati (natankati).
He must repair the car.	On mora popraviti avto.
He must wash the car.	On mora oprati avto.
She must shop.	Ona mora iti nakupovat.
She must clean the apartment.	Ona mora čistiti stanovanje.
She must wash the clothes.	Ona mora prati perilo.
We must go to school at once.	Takoj moramo (iti) v šolo.
We must go to work at once.	Takoj moramo (iti) na delo.
We must go to the doctor at once.	Takoj moramo (iti) k zdravniku.
You must wait for the bus.	Počakati morate na avtobus. (Vi morate čakati na avtobus.)
You must wait for the train.	Počakati morate na vlak.
You must wait for the taxi.	Počakati morate na taksi.

73 [seventy-three]

to be allowed to

73 [triinsedemdeset]

nekaj smeti (nekaj lahko)

Are you already allowed to drive?
Are you already allowed to drink alcohol?
Are you already allowed to travel abroad alone?

Ali že smeš voziti avto?
Ali že smeš uživati alkohol?
Ali smeš že sam(a) potovati v tujino?

may / to be allowed
May we smoke here?
Is smoking allowed here?

smeti (lahko)
Smemo tukaj kaditi?
Se lahko tu kadi?

May one pay by credit card?
May one pay by cheque / check *(am.)*?
May one only pay in cash?

Se lahko plača s kreditno kartico?
Se lahko plača s čekom?
Se lahko plača kar z gotovino?

May I just make a call?
May I just ask something?
May I just say something?

Lahko samo na kratko telefoniram?
Lahko samo nekaj vprašam?
Lahko samo nekaj povem?

He is not allowed to sleep in the park.
He is not allowed to sleep in the car.
He is not allowed to sleep at the train station.

On ne sme spati v parku.
On ne sme spati v avtu.
On ne sme spati na železniški postaji.

May we take a seat?
May we have the menu?
May we pay separately?

Smemo sesti?
Ali lahko dobimo jedilni list?
Ali lahko ločeno plačamo?

74 [seventy-four]

Asking for something

74 [štiriinsedemdeset]

za kaj prositi

Can you cut my hair?
Not too short, please.
A bit shorter, please.

Ali mi lahko ostrižete lase?
Ne preveč na kratko, prosim.
Še malo bolj na kratko, prosim.

Can you develop the pictures?
The pictures are on the CD.
The pictures are in the camera.

Ali lahko razvijete te slike?
Fotografije so na CD-ju.
Fotografije so v aparatu.

Can you fix the clock?
The glass is broken.
The battery is dead / empty.

Ali lahko popravite uro?
Steklo je počeno.
Baterija je prazna (iztrošena).

Can you iron the shirt?
Can you clean the pants?
Can you fix the shoes?

Ali lahko zlikate srajco?
Ali lahko očistite hlače?
Ali lahko popravite čevlje?

Do you have a light?
Do you have a match or a lighter?
Do you have an ashtray?

Mi lahko daste ogenj?
Imate vžigalico ali vžigalnik?
Imate kakšen pepelnik?

Do you smoke cigars?
Do you smoke cigarettes?
Do you smoke a pipe?

Kadite cigare?
Kadite cigarete?
Kadite pipo?

75 [seventy-five]

Giving reasons 1

75 [petinsedemdeset]

nekaj utemeljiti (pojasniti, argumentirati) 1

Why aren't you coming?
The weather is so bad.
I am not coming because the weather is so bad.

Zakaj ne pridete?
Vreme je tako grdo (slabo).
Ne pridem (zato), ker je vreme tako grdo.

Why isn't he coming?
He isn't invited.
He isn't coming because he isn't invited.

Zakaj on ne pride?
On ni povabljen.
On ne pride (zato), ker ni povabljen.

Why aren't you coming?
I have no time.
I am not coming because I have no time.

Zakaj ne prideš?
Nimam časa.
Ne pridem (zato), ker nimam časa.

Why don't you stay?
I still have to work.
I am not staying because I still have to work.

Zakaj ne ostaneš?
Imam še eno delo.
Ne ostanem (zato), ker imam še eno delo.

Why are you going already?
I am tired.
I'm going because I'm tired.

Zakaj že greste?
Utrujen(a) sem.
Grem (zato), ker sem utrujen(a).

Why are you going already?
It is already late.
I'm going because it is already late.

Zakaj že odhajate?
Pozno je že.
Odhajam (zato), ker je že pozno.

76 [seventy-six]

Giving reasons 2

76 [šestinsedemdeset]

nekaj utemeljiti (pojasniti, argumentirati) 2

Why didn't you come?	Zakaj nisi prišel (prišla)?
I was ill.	Bil sem bolan. (Bila sem bolna.)
I didn't come because I was ill.	Nisem prišel (zato), ker sem bil bolan. (Nisem prišla (zato), ker sem bila bolna.)
Why didn't she come?	Zakaj ona ni prišla?
She was tired.	Bila je utrujena.
She didn't come because she was tired.	Ona ni prišla (zato), ker je bila utrujena.
Why didn't he come?	Zakaj on ni prišel?
He wasn't interested.	Ni želel. (Ni mu bilo do tega.)
He didn't come because he wasn't interested.	On ni prišel (zato), ker tega ni želel. (ker mu ni bilo do tega.)
Why didn't you come?	Zakaj niste prišli?
Our car is damaged.	Avto imamo pokvarjen.
We didn't come because our car is damaged.	Nismo prišli (zato), ker imamo pokvarjen avto.
Why didn't the people come?	Zakaj ljudje niso prišli?
They missed the train.	Zamudili so vlak.
They didn't come because they missed the train.	Oni niso prišli (zato), ker so zamudili vlak.
Why didn't you come?	Zakaj nisi prišel (prišla)?
I was not allowed to.	Nisem smel(a).
I didn't come because I was not allowed to.	Nisem prišel (zato), ker nisem smel. (Nisem prišla (zato), ker nisem smela.)

77 [seventy-seven]

Giving reasons 3

77 [sedeminsedemdeset]

nekaj utemeljiti (pojasniti, argumentirati) 3

Why aren't you eating the cake? I must lose weight. I'm not eating it because I must lose weight.	Zakaj ne jeste torte? Moram shujšati. Ne jem je (zato), ker moram shujšati.
Why aren't you drinking the beer? I have to drive. I'm not drinking it because I have to drive.	Zakaj ne pijete piva? Čaka me vožnja. Ne pijem ga (zato), ker me čaka še vožnja.
Why aren't you drinking the coffee? It is cold. I'm not drinking it because it is cold.	Zakaj ne piješ kave? Mrzla je. Ne pijem je (zato), ker je mrzla.
Why aren't you drinking the tea? I have no sugar. I'm not drinking it because I don't have any sugar.	Zakaj ne piješ čaja? Nimam sladkorja. Ne pijem ga (zato), ker nimam sladkorja.
Why aren't you eating the soup? I didn't order it. I'm not eating it because I didn't order it.	Zakaj ne jeste juhe? Nisem je naročil(a). Ne jem je (zato), ker je nisem naročil(a).
Why don't you eat the meat? I am a vegetarian. I'm not eating it because I am a vegetarian.	Zakaj ne jeste mesa? Sem vegetarijanec (vegetarijanka). Ne jem ga (zato), ker sem vegetarijanec (vegetarijanka).

78 [seventy-eight]

Adjectives 1

78 [oseminsedemdeset]

Adjektiv (pridevnik) 1

an old lady	stara ženska
a fat lady	debela ženska
a curious lady	radovedna ženska
a new car	nov avto (voz, vagon)
a fast car	hiter avto
a comfortable car	udoben avto
a blue dress	modra obleka
a red dress	rdeča obleka
a green dress	zelena obleka
a black bag	črna torbica
a brown bag	rjava torbica
a white bag	bela torbica
nice people	prijetni (prijazni, ljubeznivi) ljudje
polite people	vljudni ljudje
interesting people	zanimivi ljudje
loving children	ljubi (dragi) otroci
cheeky children	drzni (brezobrazni) otroci
well behaved children	pridni otroci

79 [seventy-nine]

Adjectives 2

79 [devetinsedemdeset]

Adjektiv (pridevnik) 2

I am wearing a blue dress.	Na sebi imam (Oblečeno imam) modro obleko.
I am wearing a red dress.	Na sebi imam (Oblečeno imam) rdečo obleko.
I am wearing a green dress.	Na sebi imam (Oblečeno imam) zeleno obleko.
I'm buying a black bag.	Kupil(a) bom eno črno torbico.
I'm buying a brown bag.	Kupil(a) bom eno rjavo torbico.
I'm buying a white bag.	Kupil(a) bom eno belo torbico.
I need a new car.	Potrebujem nov avto.
I need a fast car.	Potrebujem hiter avto.
I need a comfortable car.	Potrebujem udoben avto.
An old lady lives at the top.	Tam zgoraj stanuje ena stara gospa.
A fat lady lives at the top.	Tam zgoraj stanuje ena debela gospa.
A curious lady lives below.	Tam zgoraj stanuje ena radovedna gospa.
Our guests were nice people.	Naši gostje so bili prijetni (prijazni, ljubeznivi) ljudje.
Our guests were polite people.	Naši gostje so bili vljudni ljudje.
Our guests were interesting people.	Naši gostje so bili zanimivi ljudje.
I have lovely children.	Imam ljubke otroke.
But the neighbours have naughty children.	Toda sosedje imajo predrzne (nesramne) otroke.
Are your children well behaved?	So vaši otroci pridni?

80 [eighty]

Adjectives 3

80 [osemdeset]

Adjektiv (pridevnik) 3

She has a dog.	Ona ima psa.
The dog is big.	Pes je velik.
She has a big dog.	Ona ima enega velikega psa.
She has a house.	Ona ima hišo.
The house is small.	Hiša je majhna.
She has a small house.	Ona ima eno majhno hišo.
He is staying in a hotel.	On stanuje v enem hotelu.
The hotel is cheap.	Hotel je poceni.
He is staying in a cheap hotel.	On stanuje v enem poceni (ne dragem) hotelu.
He has a car.	On ima avto.
The car is expensive.	Avto je drag.
He has an expensive car.	On ima en drag avto.
He reads a novel.	On bere en roman.
The novel is boring.	Roman je dolgočasen.
He is reading a boring novel.	On bere en dolgočasen roman.
She is watching a movie.	On gleda en film.
The movie is exciting.	Film je napet.
She is watching an exciting movie.	On gleda en napet film.

81 [eighty-one]

Past tense 1

81 [enainosemdeset]

Preteklost 1

to write
He wrote a letter.
And she wrote a card.

pisati
On je napisal pismo.
In ona je napisala kartico.

to read
He read a magazine.
And she read a book.

brati
On je bral revijo.
In ona je brala knjigo.

to take
He took a cigarette.
She took a piece of chocolate.

vzeti
Vzel je eno cigareto.
Vzela je en košček čokolade.

He was disloyal, but she was loyal.
He was lazy, but she was hard-working.
He was poor, but she was rich.

On je bil nezvest, ona pa zvesta.
On je bil len, ona pa marljiva.
On je bil reven, ona pa bogata.

He had no money, only debts.
He had no luck, only bad luck.
He had no success, only failure.

On ni imel denarja, pač pa dolgove.
On ni imel sreče, pač pa smolo.
On ni bil uspešen, pač pa je bil neuspešen.

He was not satisfied, but dissatisfied.
He was not happy, but sad.
He was not friendly, but unfriendly.

On ni bil zadovoljen, pač pa je bil nezadovoljen.
On ni bil srečen, pač pa je bil nesrečen.
On ni bil simpatičen, pač pa je bil antipatičen.

82 [eighty-two]

Past tense 2

82 [dvainosemdeset]

Preteklost 2

Did you have to call an ambulance?
Did you have to call the doctor?
Did you have to call the police?

Ali si moral(a) poklicati rešilca?
Ali si moral(a) poklicati zdravnika?
Ali si moral(a) poklicati policijo?

Do you have the telephone number? I had it just now.
Do you have the address? I had it just now.
Do you have the city map? I had it just now.

Ali imate telefonsko številko? Pravkar sem jo še imel(a).
Ali imate naslov? Pravkar sem ga še imel(a).
Ali imate načrt mesta? Pravkar sem ga še imel(a).

Did he come on time? He could not come on time.
Did he find the way? He could not find the way.
Did he understand you? He could not understand me.

Je prišel pravočasno? On ni mogel priti pravočasno.
Je našel pot? Ni mogel najti poti.
Te je razumel? Ni me mogel razumeti.

Why could you not come on time?
Why could you not find the way?
Why could you not understand him?

Zakaj nisi mogel (mogla) priti točno?
Zakaj nisi mogel (mogla) najti poti?
Zakaj ga nisi mogel (mogla) razumeti?

I could not come on time because there were no buses.
I could not find the way because I had no city map.
I could not understand him because the music was so loud.

Nisem mogel (mogla) priti točno (zato), ker ni vozil noben avtobus.
Nisem mogel (mogla) najti poti (zato), ker nisem imel(a) načrta mesta.
Nisem ga mogel (mogla) razumeti (zato), ker je bila glasba tako glasna.

I had to take a taxi.
I had to buy a city map.
I had to switch off the radio.

Moral(a) sem vzeti taksi.
Moral(a) sem kupiti načrt mesta.
Moral(a) sem izklopiti radio.

83 [eighty-three]

Past tense 3

83 [triinosemdeset]

Preteklost 3

to make a call	telefonirati (pogovarjati se po telefonu)
I made a call.	Telefoniral(a) sem.
I was talking on the phone all the time.	Ves čas sem telefoniral(a).
to ask	Vprašati
I asked.	Vprašal(a) sem.
I always asked.	Vedno sem vprašal(a).
to narrate	Povedati
I narrated.	Povedal(a) sem.
I narrated the whole story.	Povedal(a) sem celo zgodbo.
to study	učiti se
I studied.	Učil(a) sem se.
I studied the whole evening.	Učil(a) sem se ves večer.
to work	delati
I worked.	Delal(a) sem.
I worked all day long.	Delal(a) sem ves dan.
to eat	jesti
I ate.	Jedel (jedla) sem.
I ate all the food.	Pojedel (pojedla) sem vso hrano.

84 [eighty-four]

Past tense 4

84 [štiriinosemdeset]

Preteklost 4

to read	brati
I read.	Bral(a) sem.
I read the whole novel.	Prebral(a) sem cel roman.
to understand	razumeti
I understood.	Razumel(a) sem.
I understood the whole text.	Razumel(a) sem celotno besedilo.
to answer	odgovoriti
I answered.	Odgovoril(a) sem.
I answered all the questions.	Odgovoril(a) sem na vsa vprašanja.
I know that – I knew that.	Vem to – to sem vedel(a).
I write that – I wrote that.	Pišem to – to sem napisal(a).
I hear that – I heard that.	Slišim to – to sem slišal(a).
I'll get it – I got it.	Grem iskat to – prinesel (prinesla) sem to.
I'll bring that – I brought that.	Prinesem to – prinesel (prinesla) sem to.
I'll buy that – I bought that.	Kupim to – to sem kupil(a).
I expect that – I expected that.	Pričakujem to – to sem pričakoval(a).
I'll explain that – I explained that.	Pojasnim to – to sem pojasnil(a).
I know that – I knew that.	Poznam to – to sem poznal(a).

85 [eighty-five]

Questions – Past tense 1

85 [petinosemdeset]

Spraševanje – preteklost 1

How much did you drink?	Koliko ste spili?
How much did you work?	Koliko ste delali?
How much did you write?	Koliko ste napisali?
How did you sleep?	Kako ste spali?
How did you pass the exam?	Kako ste prestali izpit (testiranje)?
How did you find the way?	Kako ste našli pot?
Who did you speak to?	S kom ste govorili?
With whom did you make an appointment?	S kom ste se dogovorili?
With whom did you celebrate your birthday?	S kom ste proslavljali rojstni dan?
Where were you?	Kje ste bili?
Where did you live?	Kje ste stanovali?
Where did you work?	Kje ste delali?
What did you suggest?	Kaj ste priporočali?
What did you eat?	Kaj ste jedli?
What did you experience?	Kaj ste izvedeli (doživeli)?
How fast did you drive?	Kako hitro ste vozili?
How long did you fly?	Kako daleč ste leteli?
How high did you jump?	Kako visoko ste skočili?

86 [eighty-six]

Questions – Past tense 2

86 [šestinosemdeset]

Spraševanje – preteklost 2

Which tie did you wear?	Kakšno kravato si imel(a) na sebi?
Which car did you buy?	Kakšen avto si kupil(a)?
Which newspaper did you subscribe to?	Kakšen časopis si naročil(a)?
Who did you see?	Koga ste videli?
Who did you meet?	Koga ste srečali?
Who did you recognize?	Koga ste prepoznali?
When did you get up?	Kdaj ste vstali?
When did you start?	Kdaj ste začeli?
When did you finish?	Kdaj ste končali?
Why did you wake up?	Zakaj ste se zbudili?
Why did you become a teacher?	Zakaj ste postali učitelj?
Why did you take a taxi?	Zakaj ste vzeli taksi?
Where did you come from?	Odkod ste prišli?
Where did you go?	Kam ste šli?
Where were you?	Kje ste bili?
Who did you help?	Komu si pomagal(a)?
Who did you write to?	Komu si pisal(a)?
Who did you reply to?	Komu si odgovoril(a)?

87 [eighty-seven]

Past tense of modal verbs 1

87 [sedeminosemdeset]

Oblike modalnih glagolov za preteklost 1

We had to water the flowers. We had to clean the apartment. We had to wash the dishes.	Morali smo zaliti (zalivati) rože. Morali smo pospraviti (pospravljati) stanovanje. Morali smo pomivati posodo.
Did you have to pay the bill? Did you have to pay an entrance fee? Did you have to pay a fine?	Ste morali (morale) plačati račun? Ste morali (morale) plačati vstopnino? Ste morali (morale) plačati kazen?
Who had to say goodbye? Who had to go home early? Who had to take the train?	Kdo se je moral posloviti? Kdo je moral zgodaj oditi domov? Kdo je moral iti z vlakom?
We did not want to stay long. We did not want to drink anything. We did not want to disturb you.	Nismo hoteli dolgo ostati. Nismo hoteli nič piti. Nismo hoteli motiti.
I just wanted to make a call. I just wanted to call a taxi. Actually I wanted to drive home.	Ravno sem hotel telefonirati. Hotel sem naročiti taksi. Hotel sem se namreč peljati domov.
I thought you wanted to call your wife. I thought you wanted to call information. I thought you wanted to order a pizza.	Mislil(a) sem, da si hotel poklicati svojo ženo. Mislil(a) sem, da si hotel poklicati na informacije. Mislil(a) sem, da si hotel naročiti pico.

88 [eighty-eight]

Past tense of modal verbs 2

88 [oseminosemdeset]

Oblike modalnih glagolov za preteklost 2

My son did not want to play with the doll.
My daughter did not want to play football / soccer *(am.)*.
My wife did not want to play chess with me.

Moj sin se ni hotel igrati s punčko.
Moja hči ni hotela igrati nogometa.
Moja žena ni hotela igrati z menoj šaha.

My children did not want to go for a walk.
They did not want to tidy the room.
They did not want to go to bed.

Moji otroci niso hoteli hoditi na sprehode.
Oni niso hoteli pospraviti sobe.
Oni niso hoteli iti spat (iti v posteljo).

He was not allowed to eat ice cream.
He was not allowed to eat chocolate.
He was not allowed to eat sweets.

On ni smel jesti nobenih sladoledov.
On ni smel jesti nobene čokolade.
On ni smel jesti nobenih bonbonov.

I was allowed to make a wish.
I was allowed to buy myself a dress.
I was allowed to take a chocolate.

Lahko sem si nekaj zaželel(a).
Lahko sem si kupil(a) eno obleko.
Lahko sem vzel(a) eno pralino.

Were you allowed to smoke in the airplane?
Were you allowed to drink beer in the hospital?
Were you allowed to take the dog into the hotel?

Ali si smel(a) kaditi na letalu?
Ali si smel(a) piti pivo v bolnišnici?
Ali si smel(a) imeti v hotelu s sabo psa?

During the holidays the children were allowed to remain outside late.
They were allowed to play in the yard for a long time.
They were allowed to stay up late.

Na počitnicah so otroci smeli dlje časa ostajati zunaj.
Oni so se smeli dlje časa igrati na dvorišču.
Oni so smeli dlje časa ostajati pokonci. (Ni jim bilo treba kmalu iti spat.)

89 [eighty-nine]

Imperative 1

89 [devetinosemdeset]

Imperativ 1

You are so lazy – don't be so lazy!	Ti si tako len(a) – ne bodi vendar tako len(a)!
You sleep for so long – don't sleep so late!	Ti tako dolgo spiš – ne spi vendar tako dolgo!
You come home so late – don't come home so late!	Ti prihajaš tako pozno – daj vendar ne prihajaj tako pozno!
You laugh so loudly – don't laugh so loudly!	Ti se smeješ tako glasno – ne smej se vendar tako glasno!
You speak so softly – don't speak so softly!	Ti govoriš tako tiho – ne govori vendar tako tiho!
You drink too much – don't drink so much!	Ti preveč piješ – daj vendar toliko ne pij!
You smoke too much – don't smoke so much!	Ti preveč kadiš – daj vendar ne kadi toliko!
You work too much – don't work so much!	Ti preveč delaš – ne delaj toliko!
You drive too fast – don't drive so fast!	Ti voziš tako hitro – ne vozi vendar tako hitro!
Get up, Mr. Miller!	Vstanite, gospod Müller!
Sit down, Mr. Miller!	Sedite, gospod Müller!
Remain seated, Mr. Miller!	Ostanite na mestu, gospod Müller!
Be patient!	Potrpite! (Potrpljenje, prosim.)
Take your time!	Ne hitite!
Wait a moment!	Počakajte trenutek!
Be careful!	Bodite previdni!
Be punctual!	Bodite točni!
Don't be stupid!	Ne bodite neumni (trapasti)!

90 [ninety]

Imperative 2

90 [devetdeset]

Imperativ 2

Shave!	Obrij se!
Wash yourself!	Umij se!
Comb your hair!	Počeši se!
Call!	Pokliči! Pokličite!
Begin!	Začni! Začnite!
Stop!	Prenehaj! Prenehajte!
Leave it!	Pusti to! Pustite to!
Say it!	Povej to! Povejte to!
Buy it!	Kupi to! Kupite to!
Never be dishonest!	Nikoli ne bodi nepošten(a)!
Never be naughty!	Nikoli ne bodi nesramen (nesramna)!
Never be impolite!	Nikoli ne bodi nevljuden (nevljudna)!
Always be honest!	Bodi vedno pošten(a)!
Always be nice!	Bodi vedno prijazen (prijazna)!
Always be polite!	Bodite vedno vljuden (vljudna)!
Hope you arrive home safely!	Srečno pot domov!
Take care of yourself!	Pazite dobro nase!
Do visit us again soon!	Obiščite nas spet kmalu!

91 [ninety-one]

Subordinate clauses: *that* 1

91 [enaindevetdeset]

Odvisni stavki z *da* 1

Perhaps the weather will get better tomorrow.
How do you know that?
I hope that it gets better.

Vreme bo morda jutri boljše.
Odkod veste to?
Upam, do bo boljše.

He will definitely come.
Are you sure?
I know that he'll come.

Prav gotovo pride.
Je to gotovo (zanesljivo)?
Vem, da pride.

He'll definitely call.
Really?
I believe that he'll call.

Zagotovo pokliče.
Res? (Resnično?)
Mislim, da bo poklical.

The wine is definitely old.
Do you know that for sure?
I think that it is old.

To vino je gotovo staro.
Veste to gotovo?
Domnevam, da je star.

Our boss is good-looking.
Do you think so?
I find him very handsome.

Naš šef dobro izgleda.
Se vam zdi?
Zdi se mi, da celo zelo dobro izgleda.

The boss definitely has a girlfriend.
Do you really think so?
It is very possible that he has a girlfriend.

Šef ima gotovo kakšno prijateljico.
Res tako mislite?
Čisto mogoče (možno) je, da ima prijateljico.

92 [ninety-two]

Subordinate clauses: *that* 2

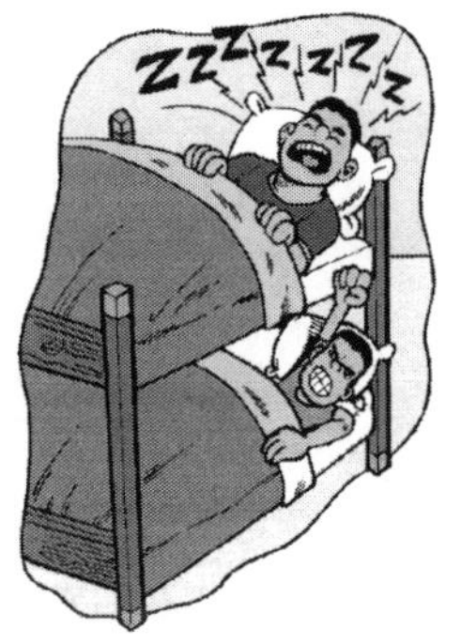

92 [dvaindevetdeset]

Odvisni stavki z *da* 2

I'm angry that you snore.
I'm angry that you drink so much beer.
I'm angry that you come so late.

Jezi me to, da smrčiš.
Jezi me to, da popiješ tako veliko piva.
Jezi me to, da tako pozno prihajaš.

I think he needs a doctor.
I think he is ill.
I think he is sleeping now.

Mislim (Menim), da potrebuje zdravnika.
Mislim (Menim), da je bolan.
Mislim (Menim), da zdaj spi.

We hope that he marries our daughter.
We hope that he has a lot of money.
We hope that he is a millionaire.

Upava, da se bo poročil z najino hčerko.
Upava (Upamo), da ima veliko denarja.
Upava (Upamo), da je milijonar.

I heard that your wife had an accident.
I heard that she is in the hospital.
I heard that your car is completely wrecked.

Slišal(a) sem, da je imela tvoja žena nezgodo (nesrečo).
Slišal(a) sem, da leži v bolnišnici.
Slišal(a) sem, da je tvoj avto popolnoma uničen.

I'm happy that you came.
I'm happy that you are interested.
I'm happy that you want to buy the house.

Veseli me, da ste prišli.
Veseli me, da vas to zanima (da ste zainteresirani).
Veseli me, da hočete kupiti hišo.

I'm afraid the last bus has already gone.
I'm afraid we will have to take a taxi.
I'm afraid I have no more money.

Bojim se, da je zadnji avtobus že odpeljal.
Bojim se, da moramo (morava) vzeti taksi.
Bojim se, da nimam pri sebi denarja.

93 [ninety-three]

Subordinate clauses: *if*

93 [triindevetdeset]

Odvisni stavki z *ali*

I don't know if he loves me.
I don't know if he'll come back.
I don't know if he'll call me.

Ne vem, ali me ljubi (ima rad).
Ne vem, ali se vrne.
Ne vem, ali me bo poklical.

Maybe he doesn't love me?
Maybe he won't come back?
Maybe he won't call me?

Ali me on res ljubi?
Ali pride nazaj?
Ali me bo res poklical?

I wonder if he thinks about me.
I wonder if he has someone else.
I wonder if he lies.

Sprašujem se, ali on misli name.
Sprašujem se, ali ima kakšno drugo.
Sprašujem se, ali laže.

Maybe he thinks of me?
Maybe he has someone else?
Maybe he tells me the truth?

Ali on sploh misli name?
Ali on sploh ima kakšno drugo?
Ali sploh govori resnico?

I doubt whether he really likes me.
I doubt whether he'll write to me.
I doubt whether he'll marry me.

Dvomim, da me ima zares rad.
Dvomim, da mi bo pisal.
Dvomim, da se bo poročil (oženil) z mano.

Does he really like me?
Will he write to me?
Will he marry me?

Ali me ima zares rad?
Ali mi bo sploh pisal?
Ali se bo sploh poročil (oženil) z mano?

94 [ninety-four]

Conjunctions 1

94 [štiriindevetdeset]

Vezniki 1

Wait until the rain stops. Wait until I'm finished. Wait until he comes back.	Počakaj, dokler ne preneha dež. Počakaj, dokler ne končam. Počakaj, dokler se ne vrne.
I'll wait until my hair is dry. I'll wait until the film is over. I'll wait until the traffic light is green.	Počakam, dokler se mi ne posušijo lasje. Počakam, dokler se film ne konča. Počakam, dokler semafor ne zasveti zeleno.
When do you go on holiday? Before the summer holidays? Yes, before the summer holidays begin.	Kdaj se odpelješ na dopust? Še pred poletnimi počitnicami? Ja, še predno se začnejo poletne počitnice. (Ja, še pred začetkom poletnih počitnic.)
Repair the roof before the winter begins. Wash your hands before you sit at the table. Close the window before you go out.	Popravi streho, preden se začne zima. Umij si roke, preden sedeš za mizo. Zapri okno, preden greš ven.
When will you come home? After class? Yes, after the class is over.	Kdaj prideš domov? Po pouku? Ja, potem ko bo konec pouka.
After he had an accident, he could not work anymore. After he had lost his job, he went to America. After he went to America, he became rich.	Potem, ko se mu je zgodila nesreča, ni več mogel delati. Potem, ko je izgubil delo, je odšel v Ameriko. Potem, ko je prišel v Ameriko, je postal bogat.

95 [ninety-five]

Conjunctions 2

95 [petindevetdeset]

Vezniki 2

Since when is she no longer working?
Since her marriage?
Yes, she is no longer working since she got married.

Od kdaj ona več ne dela?
Od njene poroke?
Ja, ona ne dela več, odkar se je poročila.

Since she got married, she's no longer working.
Since they have met each other, they are happy.
Since they have had children, they rarely go out.

Odkar se je poročila, ona več ne dela.
Odkar se poznata, sta srečna (srečni).
Odkar imata otroke, gresta poredkoma ven.

When does she call?
When driving?
Yes, when she is driving.

Kdaj bo telefonirala?
Med vožnjo?
Ja, medtem ko bo vozila avto.

She calls while she drives.
She watches TV while she irons.
She listens to music while she does her work.

Telefonirala bo, medtem ko bo vozila avto.
Ona gleda televizijo, medtem ko lika.
Ona posluša glasbo, medtem ko opravlja svoje naloge.

I can't see anything when I don't have glasses.
I can't understand anything when the music is so loud.
I can't smell anything when I have a cold.

Nič ne vidim, kadar nimam očal.
Nič ne razumem, kadar je glasba tako glasna.
Nič ne vonjam, kadar imam nahod.

We'll take a taxi if it rains.
We'll travel around the world if we win the lottery.
We'll start eating if he doesn't come soon.

Vzeli bomo taksi, če bi deževalo.
Šli bomo na potovanje po svetu, če zadenemo na lotu.
Začeli bomo jesti, če ne bo kmalu prišel.

96 [ninety-six]

Conjunctions 3

96 [šestindevetdeset]

Vezniki 3

I get up as soon as the alarm rings. I become tired as soon as I have to study. I will stop working as soon as I am 60.	Vstanem, brž ko (kakor hitro) zazvoni budilka. Postanem utrujen, brž ko se moram začeti učiti. Prenehal bom delati, brž ko (kakor hitro) dopolnem 60 let.
When will you call? As soon as I have a moment. He'll call, as soon as he has a little time.	Kdaj pokličete? Takoj ko bom imel trenutek prostega časa. Pokliče, takoj ko bo imel nekaj prostega časa.
How long will you work? I'll work as long as I can. I'll work as long as I am healthy.	Kako dolgo boste delali? Delal(a) bom, dokler bom mogel (mogla). Delal(a) bom, dokler bom zdrav(a).
He lies in bed instead of working. She reads the newspaper instead of cooking. He is at the bar instead of going home.	On leži v postelji, namesto da bi delal. On bere časopis, namesto da bi kuhal. On sedi v gostilni, namesto da bi šel domov.
As far as I know, he lives here. As far as I know, his wife is ill. As far as I know, he is unemployed.	Kolikor vem, stanuje on tu. Kolikor vem, je njegova žena bolna. Kolikor vem, je on brezposeln.
I overslept; otherwise I'd have been on time.	Zaspal(a) sem, v nasprotnem primeru bi bil točen (bila točna).
I missed the bus; otherwise I'd have been on time.	Zamudil(a) sem avtobus, v nasprotnem primeru bi bil točen (bila točna).
I didn't find the way / I got lost; otherwise I'd have been on time.	Nisem našel (našla) poti, v nasprotnem primeru bi bil točen (bila točna).

97 [ninety-seven]

Conjunctions 4

97 [sedemindevetdeset]

Vezniki 4

He fell asleep although the TV was on.
He stayed a while although it was late.
He didn't come although we had made an appointment.

On je zaspal, čeravno (čeprav) je bil televizor vklopljen.
On je še ostal, čeravno (čeprav) je bilo že pozno.
On ni prišel, čeravno (čeprav) smo se dogovorili.

The TV was on. Nevertheless, he fell asleep.
It was already late. Nevertheless, he stayed a while.
We had made an appointment. Nevertheless, he didn't come.

Televizor je bil odprt. Kljub temu je zaspal.
Bilo je že pozno. Navkljub temu je še ostal.
Dogovorili smo se. Navkljub temu ni prišel.

Although he has no license, he drives the car.
Although the road is slippery, he drives so fast.
Although he is drunk, he rides his bicycle.

Čeprav nima vozniškega dovoljenja, vozi avto.
Čeprav je cesta spolzka, vozi hitro.
Čeprav je pijan, se pelje s kolesom.

Despite having no licence / license *(am.)*, he drives the car.
Despite the road being slippery, he drives fast.
Despite being drunk, he rides the bike.

On nima vozniškega dovoljenja. Kljub temu vozi avto.
Cesta je spolzka. Kljub temu vozi tako hitro.
On je pijan. Kljub temu se pelje s kolesom.

Although she went to college, she can't find a job.
Although she is in pain, she doesn't go to the doctor.
Although she has no money, she buys a car.

Nobene službe (zaposlitve) ne najde, čeprav je študirala.
Ona ne gre k zdravniku, čeprav čuti bolečine.
Ona kupuje avto, čeprav nima denarja.

She went to college. Nevertheless, she can't find a job.
She is in pain. Nevertheless, she doesn't go to the doctor.
She has no money. Nevertheless, she buys a car.

Ona je študirala. Kljub temu ne najde nobene službe (zaposlitve).
Ona čuti bolečine. Kljub temu ne gre k zdravniku.
Ona nima denarja. Kljub temu kupuje avto.

98 [ninety-eight]

Double connectors

98 [osemindevetdeset]

Dvodelni vezniki

The journey was beautiful, but too tiring.
The train was on time, but too full.
The hotel was comfortable, but too expensive.

Potovanje je bilo sicer lepo, ampak preveč utrudljivo.
Vlak je bil sicer točen, vendar pa prepoln.
Hotel je bil sicer udoben, vendar pa predrag.

He'll take either the bus or the train.
He'll come either this evening or tomorrow morning.
He's going to stay either with us or in the hotel.

On bo šel bodisi z avtobusom, bodisi z vlakom.
On bo prišel bodisi nocoj, ali pa zjutraj.
On bo stanoval bodisi pri nas (pri nama), ali pa v hotelu.

She speaks Spanish as well as English.
She has lived in Madrid as well as in London.
She knows Spain as well as England.

Ona govori tako špansko, kot tudi angleško.
Ona je živela tako v Madridu, kot tudi v Londonu.
Ona pozna tako Španijo, kot tudi Anglijo.

He is not only stupid, but also lazy.
She is not only pretty, but also intelligent.
She speaks not only German, but also French.

On ni le neumen, pač pa je tudi len.
Ona ni samo ljubka, pač pa je tudi inteligentna.
Ona ne govori samo nemško, pač pa tudi francosko.

I can neither play the piano nor the guitar.
I can neither waltz nor do the samba.
I like neither opera nor ballet.

Ne znam igrati niti na klavir, niti na kitaro.
Ne znam plesati niti valčka, niti sambe.
Nimam rad niti opere, niti baleta.

The faster you work, the earlier you will be finished.
The earlier you come, the earlier you can go.
The older one gets, the more complacent one gets.

Hitreje ko boš delal, preje boš končal.
Prej ko boš prišel, prej boš lahko šel.
Starejši ko si, udobneje ti je.

99 [ninety-nine]

Genitive

99 [devetindevetdeset]

Genitiv

my girlfriend's cat
my boyfriend's dog
my children's toys

mačka moje prijateljice
pes mojega prijatelja
igrače mojih otrok

This is my colleague's overcoat.
That is my colleague's car.
That is my colleagues' work.

To je plašč mojega kolega.
To je avto moje kolegice.
To je delo mojega kolega.

The button from the shirt is gone.
The garage key is gone.
The boss' computer is not working.

Gumb srajce je odpadel.
Ključ garaže je izginil.
Šefov računalnik je pokvarjen.

Who are the girl's parents?
How do I get to her parents' house?
The house is at the end of the road.

Kje so starši teh deklet?
Kako pridem do hiše njihovih staršev?
Hiša stoji na koncu ulice.

What is the name of the capital city of Switzerland?
What is the title of the book?
What are the names of the neighbour's / neighbor's *(am.)* children?

Kako se imenuje glavno mesto Švice?
Kakšen je naslov te knjige?
Kako se imenujejo sosedovi otroci?

When are the children's holidays?
What are the doctor's consultation times?
What time is the museum open?

Kdaj imajo otroci šolske počitnice?
Kdaj dela zdravnik?
Ob katerih urah je odprt muzej?

100 [one hundred]

Adverbs

100 [sto]

Adverbi (prislovi)

already – not yet
Have you already been to Berlin?
No, not yet.

že enkrat (že kdaj (prej)) – še nikoli
Ali ste že bili kdaj v Berlinu?
Ne, še nikoli.

someone – no one
Do you know someone here?
No, I don't know anyone here.

nekdo – nihče
Poznate tu koga?
Ne, tu ne poznam nikogar.

a little longer – not much longer
Will you stay here a little longer?
No, I won't stay here much longer.

še – nič več
Ali ostajate še dolgo tu?
Ne, ne ostanem več dolgo tu.

something else – nothing else
Would you like to drink something else?
No, I don't want anything else.

še (ne)kaj – nič več
Bi radi še kaj popili?
Ne, ne želim nič več.

something already – nothing yet
Have you already eaten something?
No, I haven't eaten anything yet.

že (ne)kaj – še nič
Ali ste že kaj pojedli?
Ne, nič še nisem pojedel (pojedla).

someone else – no one else
Does anyone else want a coffee?
No, no one else.

še (ne)kdo – nihče več
Bi še kdo rad kavo?
Ne, nihče več.

END

Made in the USA
Middletown, DE
05 March 2016